優れたリーダーはなぜ、対話力を磨くのか？

アンドア株式会社
代表取締役
堀井　悠
Hisashi Horii

取締役
松本悠幹
Yuki Matsumoto

CROSSMEDIA PUBLISHING

はじめに
リーダーの問いかけが変わると、チームがうまく回り出す

私たちアンドアは、さまざまな業界・業種の企業から依頼を受けて、主に管理職やチームリーダーを対象に1on1や対話に関する研修・セミナーを数多く行ってきました。

企業が組織づくり、人材育成の取り組みとして実施している1on1は、チームのリーダーとメンバーの対話を通して、メンバーの成長を促進するために行うマネジメント手法です。GoogleやYahoo!などが人事施策として実施し、高い成果を上げていたことから、日本では10年ほど前から普及し、導入する企業が増えました。

ところが、最近では、「効果が実感できない」「ただの雑談の場になっている」「時間の無駄」といった声が聞かれるようになりました。リーダーの中には、1on1に関する知識や技術を学び、十分にトレーニングを積んだはずなのにうまくいかないことに悩み、「自分はリーダーに向いてないのでは？」と自信を失っている方もいます。

どうして、このようになってしまったのでしょうか。詳しくは本書で解説していきますが、理由のひとつは、１ｏｎ１がリーダーの独演会のようになっているからです。

われわれが行った調査では、１ｏｎ１における発言の割合はリーダー側が「リーダー４：メンバー６」の印象だったのに対し、メンバー側は「リーダー８：メンバー２」となっていました。つまり、リーダーが思っている以上にメンバーは発言の機会が少ないと感じているのです。また、リーダーが話す内容も部下への一方的な指示や指導ばかりで、メンバーにとっては「評価される場」「否定される場」になっていました。これではリーダーもメンバーも疲弊してしまいます。

職場における対話のゴールのひとつは、メンバーの本音を引き出すことです。リーダーとメンバーに信頼関係が醸成されていれば、メンバーはリーダーの問いかけに対し、「実は……」と話し始めます。これが本音のサインです。

「実は……」の続きは、顧客との商談の感想、仕事上の困りごとの相談、新たなステップへの展望などさまざまですが、部下の「自分の仕事に関する話を聞いて欲しい」があふれ出します。そこには、部下や組織をマネジメントするうえで、とても重要な情報が隠されています。リーダーの役割は、部下の持論を言語化する手伝いをすることです。部下が何か懸念を抱いているようなら、それを払拭して行動に移せるようにサポートします。

では、メンバーと信頼関係を築き、効果的な問いかけをするために、どのような対話をすればいいのでしょうか。本書では、その疑問にお答えするために、対話の型「きっかけ砂時計モデル」を紹介しています。

「きっかけ砂時計モデル」を活用すれば、「興味関心」「積み上げ」「改善提案」「懸念払拭」の4つのステップで対話を進めていくだけで、部下の課題や関心を明らかにし、行動設計を行うことができます。**すでに5万人以上のリーダーが学び、職場での実践を通して、その成果を実感いただいています。**

また、第4章では、1on1や会議、朝礼、報連相、商談の前後、フィードバック、雑談などにおける「きっかけ砂時計モデル」を活用した対話事例や対話クイズも掲載していますので、対話力を磨くための一助にしていただけたら幸いです。

私たちは、対話には「磨き合う面白さ」があると考えています。世代や価値観の異なる多様な人材が対話を重ね、お互いの知識や強みを掛け合わせて磨き合うことで、新しい価値や創造的なアイデアが生まれます。それが組織を強くし、「このチームならできる」という信頼関係を醸成します。やがて、この好循環がチームとして新しい価値の創発へとつながっていくのです。

この本が読者の皆さんの対話力を向上させ、人材育成や組織づくりに寄与できることを願っています。

堀井　悠
松本悠幹

『優れたリーダーはなぜ、対話力を磨くのか？』もくじ

第2章 対話力で自律型チームを育てる

第3章 5万人のリーダーを変えた対話の型「きっかけ砂時計モデル」

第4章 ビジネスシーン別のクイズと事例でわかる対話力の磨き方

おわりに

編集協力：塩澤雄二　イラスト（章扉）：Ｎａｓｈｙ

第1章

部下の育成はリーダーの対話力で決まる

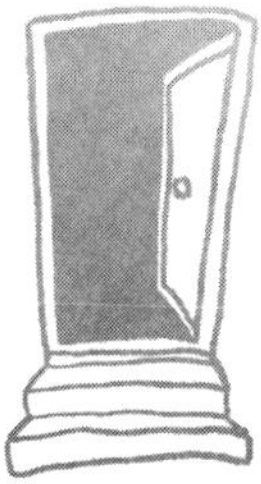

なぜ、対話が重要なのか

トップダウン型組織に潜む限界

人材育成や組織づくりに課題を抱えている企業の多くでは、40代を中心とした上司世代と30代以下の部下世代の間に、仕事に対する価値観の違いが広がっています。上司は「部下が何を考えているかがわからない」と悩み、部下は「上司がいつまでも古い考え方で困る」とため息をついているのです。

こうした認識のズレ、特に上司の「困った」の要因として、**上司世代が長い間、所属してきたトップダウン型の組織形態が機能しなくなってきた**ことが挙げられます。

日本が「ものづくり」で経済を回していた時代は、成功事例を引き継ぐ前例主義と、上から下へのトップダウンの手法が有効でした。サービスであれ製品であれ、誰が見ても明確な「もの」がすでにあり、それを「もっとよくする」ための改善が評価の対象となっていたのです。上司の期待と部下の成長実感は一致していました。

トップダウン型組織のコミュニケーションは、原則として上意下達です。過去の成功事例を再現するために、間違いをなくすためのチェックが機能します。上司やチームリーダーの役割は、そうした成功事例を継承し、再現することでした。

その意識のまま会議や1on1に臨んでしまうと、リーダーとメンバーの認識にズレが生じてしまいます。リーダーが「会議でどんどん意見してください」とメンバーに求めても、メンバーの発言は、「その企画は過去に失敗したことがある」と前例によって評価されるばかりか、「視野が狭い意見だ」と否定の対象とされることもあります。

そうした場合、多くのメンバーはリーダーの対応にあきれ、攻撃的な思いを抱きながらも、言われたことを理解したふりをして、「今後は何も言わないでおこう」と発言や行動をしなくなってしまうのです。

トップダウン型組織のすべてが間違っているわけではありません。なぜなら、定まったオペレーションを間違いなく再現し、くり返すために必要な行動の統一性を維持できる強みがあるからです。

ところが、その強みゆえに、前例のない事態や変化への対応が苦手です。試行錯誤やチャレンジの意志決定に時間がかかり、場合によっては先送りや現状維持に留まることを選んでしまいます。企業やリーダー層には、こうした**トップダウン型組織のあり方を再検証し、メンバーとのコミュニケーション手法を変える**ことが求められています。

「既知×既知＝新たな価値」を可能にするネットワーク型組織

私たちはゼロから何かを生み出すことはできません。発想したり、創造したりするときは、「既知」の情報が起点になります。トップダウン型組織では、過去の成功体験を既知と捉え、その継承を続けてきました。しかし、それは限界を迎えています。時代の変化するスピードが増しており、過去の成功体験が通用しなくなっているからです。

そこで、注目を集めているのがネットワーク型組織です（図1）。**ネットワーク型組織とは、個々のメンバーがフラットな立場で役割分担をしながら組織の目的を達成していく組織**です。各メンバーが持つ異なる既知を掛け合わせることで、まだ見ぬ新たな価値（イ

図1　トップダウン型組織とネットワーク型組織

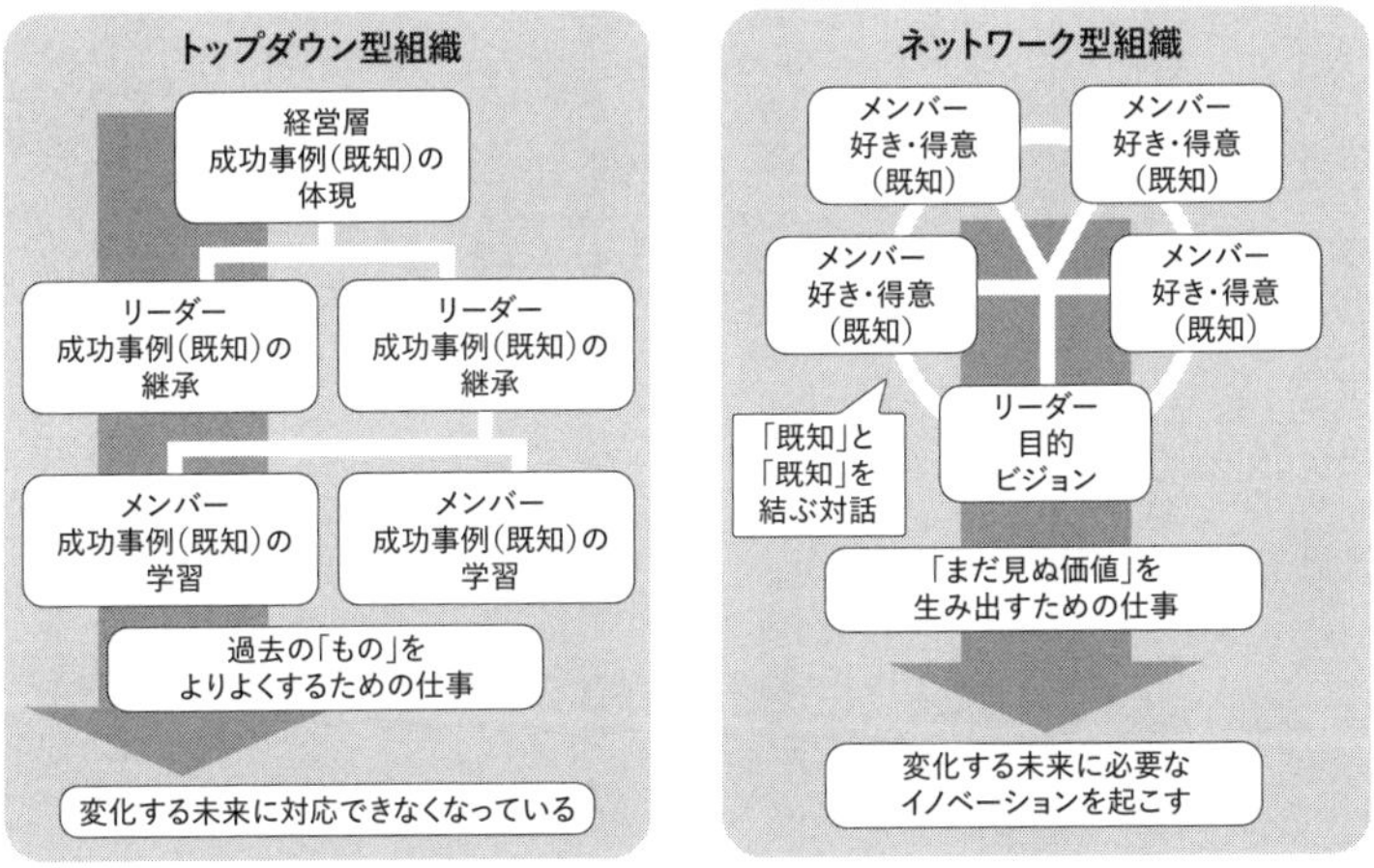

ノベーション)を創出することが可能になります。

私たちが生活する社会や所属する組織の目指す姿は、ダイバーシティ(多様性)やサステナビリティ(持続可能性)などの言葉で語られています。メンバーの数だけある既知に目を向ければ、それこそが多様性であり、その掛け合わせの試行錯誤が未知の変化への対応を可能とし、持続可能性につながります。私たちは、誰もがダイバーシティの当事者であり、サステナビリティの担い手なのです。

ネットワーク型組織は、私たちが本来持っている多様性を活かすことができる組織形態です。

対話によって既知と既知を結ぶ

組織やチームのスタート地点にあるのは、メンバーそれぞれが持つ既知だけです。まずは誰が何を考え、どんな人で、何ができて、何をしたいのかを互いに理解し合うために、メンバーそれぞれが自分の考えや思いを言葉にする必要があります。では、リーダーはその言葉をどう取り扱えばいいのでしょうか。

キャッチボールをイメージしてください。既知を語る言葉がボールです。相手が受け止めやすいボールを投げ、時にはクセの強いボールが投げ返されることも想定しながら、それすらもキャッチできるように待ち構えます。

リーダーとメンバーには、管理する・評価される関係ではなく、お互いの違いを尊重し合い、興味関心を持ち、信頼し合う関係が必要です。本書では、**リーダーとメンバーの信頼関係を構築するためのキャッチボール＝言葉のやりとりを「対話」**と呼びます。

ネットワーク型組織は、意志決定や行動のスピードが速いのが特徴です。それゆえの注意点があります。

プロジェクトが動き出してしばらくしてから、「これって何を目指してやっていた?」と目的を見失うことがあります。また、目的を達成したとしても、達成感や成長を自覚できないことがあります。これは、目的やビジョンの合意がなされていなかったことで起こります。そのため、**リーダーには目的やビジョンを絶えずチームに示す力**が求められます。

対話のゴールは共創関係

共創関係までの4つのフェーズ

図2は、リーダーがチームづくりで目指すものを示しています。イノベーションを起こす組織になるためには、メンバー同士の共創関係が必要で、その到達までには次に挙げる

図2　共創達成に向けた4つのフェーズ

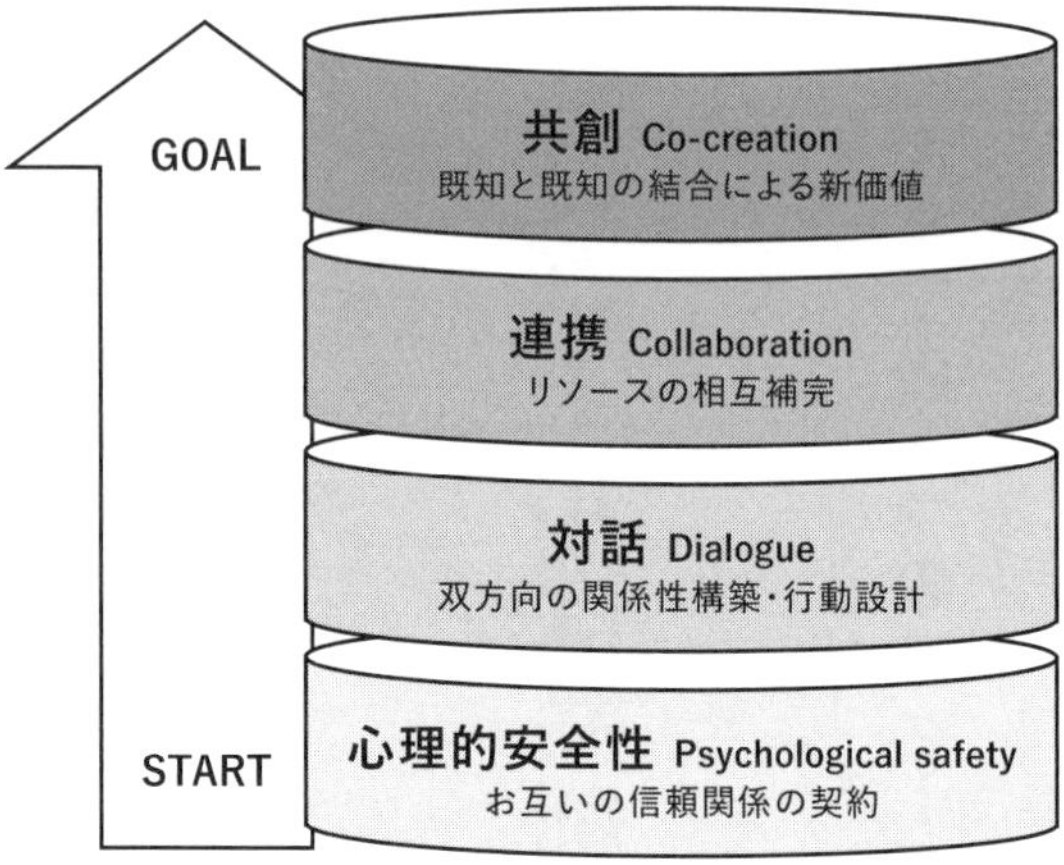

4つのフェーズがあります。

①第1フェーズ：心理的安全性

心理的安全性はチームの土台として当然あるべきものです。「この会社で働きたい」と意欲を持って入社してきた人材が、ハラスメントで心を折られたり、意にそぐわない働き方や上下関係を押しつけられたりすれば、「この会社でなくてもいい」と判断することでしょう。第1フェーズの醸成なくして、個々人の能力の発揮はあり得ません。

リーダーは、メンバーを腫れ物のように扱い結果的に放置しないよう、会社と社員の基本的な約束とも言える「心理的安全性」が保たれている職場、チームであるかどうかを常に自問することが大切です。

②第2フェーズ：対話

相手を尊重し、信頼関係をつくるために対話が必要であることは前述しました。①の心理的安全性を前提に対話をイメージすれば、トップダウン型のコミュニケーションとの違いが理解しやすくなるでしょう。対話によってメンバーそれぞれの既知を知り、その中にある得意や好きを確認します。具体的に何をするかは第3章で説明します。

③第3フェーズ：連携

メンバーそれぞれの既知と既知とを掛け合わせ、結び付ける段階です。連携には、一緒に仕事をするうえでの役割分担だけでなく、互いの得意をリソースとして貸し借りし合う関係性の構築も含まれます。

連携により、チーム内での孤立や、「自分は必要とされていない」「この会社でなくてもいい」というあきらめが払拭されていきます。

④第4フェーズ：共創

①〜③のフェーズを経ることで、チーム内で「教えて欲しい」「力を借りたい」「それなら自分ができる」「あの人に相談しておこうか」といったやりとりができる共創関係が生まれます。その結果として、「既知×既知＝新たな価値の創出」が実現可能になるのです。

この段階になると、メンバー全員に信頼関係が生まれ、「このチームならできる」と思えるようになります。リーダーの役割は、個々のメンバーの既知と既知との結び目をつくることであり、そのために必要なのが対話です。

ゴールがあることで対話のきっかけが生まれる

私たちが対話の必要性をお伝えしても、最初は誰もが曇った表情で聞いています。無理もありません。若いメンバーは、リーダーとのコミュニケーションをすでにあきらめてしまっているからです。

そのため、対話と聞いても議論や結論が必要なディスカッションしかイメージできないので、「正直、面倒くさい」という反応になってしまいます。そうしたメンバーの雰囲気を察したリーダーもまた気持ちが重くなってしまうのです。だからこそ、共創というゴールに向けた各フェーズを見据える必要があります。

①心理的安全性はメンバーだけでなく、リーダーにも必要です。自分らしく働けることを大切にするところからスタートしましょう。

②対話は白黒をつけるディスカッションではなく、お互いのものの見方を理解するようにします。メンバーに「問う」だけでなく、聞く耳も持ちましょう。

③連携は「自分らしさ」の発揮です。そのメンバーにしかない魅力や強みを見つけ、リーダーも素直にメンバーから学び、時には頼ることも必要です。

そのうえで達成できる④共創とは、互いに頼り頼られる存在として信頼関係を築き、納得感や充実感の得られる働き方ができるチームの一員となることです。

対話でメンバーの本音を引き出す

メンバーの「実は……」を見逃さない

メンバーとの対話において、リーダーが果たす役割は「メンバーの本音を引き出す」ことです。ここでも「引き出す」という言葉が先行すると、リーダーが何か特別なことをしなければいけないのかと、身構えてしまうかもしれません。ご安心ください。その真逆のことが起きるのが、本来の対話の姿です。

1on1や会議、ミーティングの場で、メンバーとの対話がうまくいっていると感じる瞬間があります。それは、メンバーから「実は……」という言葉が出たときです。メンバーの自発的な発言でもある「実は……」は、「本音を話します」のサインです。このサインを見逃さないようにしましょう。

これまでのメンバーとの対話を思い出してください。メンバーに何を聞いても「ええ、まあ」「はあ、そうですね」といった返事か、「わかりました」と指示伝達の復唱しか返って来ないことがあったかもしれません。それ以上、互いに何も話すことなく、気づけばリーダーの独演会となっていたこともあったでしょう。

けれども、対話を通じて信頼関係が深まると、メンバーから「実は……」と話し出し、リーダーはあれこれ考えることが少なくて済みます。一緒に散歩をしているかのような気楽さこそ、本来の対話が成功している状態です。

「実は……」の続きはさまざまです。顧客との商談の感想、仕事上の困りごと、新たなステップアップの相談、今後の展望など、メンバーの「自分の仕事に関する話を聞いてもらいたい」があふれ出します。リーダーから見れば、組織をマネジメントするうえで貴重な情報を次々に聞くことができる状況です。心から「聞かせてくれてありがとう」と言いたくなる気持ちでいっぱいになります。

そんなときは、その気持ちを心にしまわず、「そういうふうに考えていたんだね。聞かせてくれてありがとう」と、声に出してメンバーに伝えてください。メンバーも「こちらこそ、話を聞いていただき、ありがとうございます」と思うはずです。ここにはリーダーとメンバーの信頼関係があります。

お互いの新しい発見や理解の深まりは、信頼関係をさらに強くさせます。そして、対話→連携のフェーズを経て、共創のゴールへとたどり着けるのです。

本音を引き出すことができるリーダーの条件

メンバーから見て「本音を引き出してくれる＝話を聞いてくれるリーダー」には、次の3つの特徴があります。

①認知のズレに気づく

メンバーとの対話の場面が独演会の場にならないように、リーダーが謙虚さを伝えることが、メンバーの心理的安全性を毀損しない配慮を示すことになります。

×「昔からこうやってうまくいっているのだから、こうすればいい」
○「私はこれが正しいと思ってきたけれど、みんなはどう思うかな？」

このように、「自分の正論に自信はあるけれど、それを押しつける気はない。メンバーには別の考えもあるだろう。互いの認知にズレがあれば、それを知り、学びたい」という謙虚な対話の姿勢を常に示すようにしましょう。自分が正しいとは思い込まないことが、メンバーとの信頼の入口になります。

②ありたい姿と不安を開示する

実は、「自分には特段やりたいことも、こうありたいと思う姿もない」というリーダーは一定数います。また、リーダーとして、「不安を見せたらメンバーになめられる」と虚栄を張るリーダーもいます。リーダーが本音を隠していて、メンバーの本音を引き出すことはできません。

リーダーだからこそ、「こうなりたいんだ」とありたい姿を開示し、さらに不安があれば、それも開示することがとても大事です。

「みんなと一緒に目標達成するために、○○なチームを目指したい。けれど、今の段階ではこういう不安がある。みんなはどう思うかな?」と、リーダーが本音を話せば、メンバーは自分にできることを考え、「実は……」と話し出します。

そして、「それなら私にはこういう考えがあります」と、メンバーたちの既知がどんどん出てきて、連携のフェーズへとつながっていくのです。

③謙虚に学び取ろうとする

リーダー自身がありたい姿がない、不安でいっぱいでもいいのです。リーダーという立場であっても、自分にあるのは自分の既知のみです。メンバーは、それぞれ異なる既知を持ち、「自分×メンバー」や「メンバー×メンバー」の既知の掛け合わせによって、「このチームだからできること」が増えていきます。

リーダーが謙虚であれば、メンバーは萎縮せずに済みます。自然と各自の本音が引き出され、チームは対話で満ちあふれます。

優れたリーダーであることは自分自身を幸せにする

読者の皆さんの中には、「優れたリーダーになるために」と言われても、「そもそも自分はリーダーをやりたいのか?」「向いていないのではないか?」と悩んでいる方がいるかもしれません。

なぜ、そうなってしまうのか。それは、自分が育ってきた環境と、リーダーになった変化の激しい現在とでは、働き方や職場の文化が大きく変わったことが背景にあります。

1990年代までの管理職は文字通り、部下の仕事をチェックして管理する存在でした。当時は、米国の経済界さえも学ぼうとした強固なトップダウン体制の象徴的存在です。それが2000年代になると、マネジメントとプレイヤーを兼任する働き方に変化します。いわゆるプレイングマネジャーの誕生です。

そして、2010年代以降はプレイヤーとしての仕事の量がどんどん増えていきます。時には部下のミスを挽回するために停滞する仕事を巻き取ったりしなければならず、管理職の仕事は多忙を極め、罰ゲームとまで言われるようになりました。こうした状況において管理職が疲弊するのは当然ですし、孤立感すら抱いてしまうこともあるでしょう。


リーダーの「困った」は、環境の変化と求められている役割の変化という外的要因を自分の内部に抱え込んでしまうことで起きます。その結果、「自分は自分の仕事に専念したい」「リーダーなんて向いていない」と思ってしまうのです。

一方、「仕事を通じて自己幸福感が高まった」「負担は確かに感じるけれど、面白いことばかり」という声も多く聞きます。そうした人たちを見ると、ネットワーク型組織のチームをつくりあげていることがわかります。

対話はメンバーのためだけのものではありません。対話を通じたメンバーとの信頼関係によって、リーダーも仕事に対する幸福感ややりがいを持てるようになります。マネジメントの仕事が嫌になるのは、メンバーの「自分でなくても」「この会社でなくても」という孤立感と同じなのです。

ここで、読者の皆さんにはっきりさせておきたいことがあります。それは、**対話とは「メンバーを組織にとって都合のいい戦力にする」「組織づくりの役割を果たさせる」ために行うものではなく、リーダーを含むメンバー一人ひとりの結びつきを強固にして、互いに「このチームで働けてよかった」という納得感ややりがいを維持していく仕組みをつくるために行うもの**だということです。それを常に念頭に置いて欲しいと思います。

対話力を磨き、メンバーの本音を引き出し、メンバーに本音を伝えることができるリーダーになることは、自分自身を幸せにします。

マネジメントとはチャレンジできる場をつくること

かつては、米国においても、組織の影響力を上から下へ浸透させることが重視されていました。組織上層部に優秀な人材を集めるために、ヘッドハンティングやエグゼクティブ教育が盛んに行われていたのです。ところが、どんなに優秀な人材をリーダーに据えても、トップダウン型の組織ではチーム力が強化されませんでした。そこで、２０００年代に入ると、ボトムアップからのアプローチを重視した組織づくりがブームになります。

そうした中で個人や組織の能力開発を目的として、大企業を中心に導入されるようになったのが、ドラッカーが提唱した「目標管理（ＭＢＯ：Management by Objectives and Self - Control）」です。しかしながら、その本当の趣旨や前提がきちんと理解されないまま浸透してしまったため、多くの企業で機能不全に陥っています。

目標管理は、「従業員が自主的に目標を設定し、その達成過程を自身でコントロールすることで成果を出す」という人間的なマネジメント観に基づくものです。日本では成果主義と結びつけられ、「ノルマを設定して管理する仕組み」と誤解されています。

1on1も同じです。「対話→連携→共創」の流れが前提であるのに、リーダーが一方的に指示や伝達だけをする1on1が増えています。その結果、「1on1は時間の無駄」「リーダーの負担だけが増えて効果がない」といった声が聞かれます。

目標管理や1on1は、「人が生き生きと働く」ための施策です。原点に立ち戻り、本来の目標管理や1on1ができるようになれば、それを担うリーダーの仕事や気持ちはもっと楽になり、負担も減っていくはずです。

リーダーの「忙しい」は対話で解消できる

その仕事はリーダーがやるべき仕事なのか

私たちが管理職やリーダー層を対象に行う研修では、冒頭90分程度の時間を使い、職場における課題の優先順位づけを目的としたワークショップを実施します。「困っている」「悩んでいる」ことについて、少し肩の荷を軽くすることを狙ったものです。

まず、「職場のコミュニケーションで何を課題と感じ、何を不安に思っているのか」の一覧表をつくります。そして、解消・解決したい課題の優先順位をつけてもらいます。すると、「できていないこと」がたくさん見つかるのですが、そのとき、リーダーの方々からは次のような反応があります。

「コーチングや１ｏｎ１に関してたくさん学び、準備もしてきた。そうした知識やスキルを知ることで、できていると思っていたが、こうして見るとできていないことばかりだと、よくわかった」

自分の頭の中では「わかっているつもり」「やっているつもり」になっていても、できていないことはたくさんあります。

この「自分はできている」と誤認してしまう理由は、忙しさにあります。とにかくやることが多く、仕事の処理に忙殺されてしまっているのです。けれども、優先順位から検証すると、本来やらなければならない仕事ができていません。もう少しわかりやすく理解するために、架空のエピソードで見てみましょう。

優先順位の低いメール対応に忙殺される店長

舞台となる職場はメーカー販社の販売店、主人公はその店長です。

店舗の繁忙期は土日祭日の14時台。スタッフは顧客対応に追われ、次々と個別の判断が迫られる状況です。しかし、その判断を担うはずの店長は現場にいないことが多く、店長はその理由を「忙しいから」「本社対応に追われているから」と言います。

何をしているのかを調べると、本社の各部署から届くメールに返信をしていました。その内容は、本社総務部からの「Aさんの健康診断のアンケートが届いていません。本日15時までに送ってください」といった事務処理レベルのものが大半を占めていました。店長は、社員の体重をExcelに入力し送り返していたのです。

本社対応は店長の役割です。店長のもとには、各店舗を管理する本社のさまざまな部署から日々膨大なメールが届きます。この企業の本社では、ＫＰＩ（Key Performance Indicator：重要業績評価指標）に「メールの送信数」を入れていました。店長は店舗の仕事ではなく、メールの処理に忙殺されていたのです。

さらに精査すると、そうしたメールの7割は優先順位が低いか、そもそも不要なものでした。果たして店長の「忙しい」は必要なのでしょうか。

どの企業でも、何となく「昔からこうだから」「決まっていることだから」という仕事はたくさんあるのではないでしょうか。そうした**決まりごとは、時間が経つとともに新しいものがどんどん増えて、そのすべてに対応すれば忙しくなるのは当然**です。

また、社内の前例主義に紐づくものが多く、新人に任せるよりは上司が巻き取って処理したほうが早くて正確と判断してしまうため、気づけば「優先順位の低い仕事で忙しい上司」がたくさん生まれてしまうのです。けれども、環境や習慣に対して自分で疑問を持つことが難しいのも事実です。

そこで、頭の中から出して、客観的に見ることが大切です。さらに、対話によって、周囲と確認することをお勧めします。

「そもそも、何でこんなにメールが多いの？」「そもそも、これって必要なこと？」

私たちは、自分の仕事もチームの運営も組織のあり方も、対話をきっかけに変えていけることを、研修の入口で気づいてもらうようにしています。

リーダーの思考停止はチーム思考で動き出す

リーダーが忙しい原因は、部下のことを思えばこそという面もあります。先ほどの店長の例も、一番忙しい時間帯に本社の確認を部下に伝えるより、自分が処理をしたほうが早いという判断があります。慣れない業務でミスや失敗をさせるより、状況を見計らって上司が仕事を巻き取り、修正対応したほうがチームは回ると考えることもあるでしょう。

リーダーの忙しさの根本には、「そもそもこの仕事にムダはないか」の検証を行わずに対応してしまう思考停止が一因としてあります。

私たちが行う研修では「あなたの中にも『これをやりたい』というアイデアや改善のタネはありますよ」ということをお伝えしています。けれども、そのアイデアや改善のタネはリーダー一人の知識だけでは実現できません。頼るべきは自分の頭の中ではなく、チームのメンバーです。

メンバーそれぞれの既知の掛け合わせを工夫すれば、リーダーが切れる手札は何通りも見つかります。そこからがリーダーの仕事、マネジメントの仕事が楽しくなる段階です。

あなたの１ｏｎ１がうまくいかない理由

メンバーとの日頃のコミュニケーションが重要

１ｏｎ１がうまくいかない理由は、１ｏｎ１以外の日常にあります。**１ｏｎ１は普段の挨拶や声かけ、ちょっとした会話など、メンバーとの日々のコミュニケーションが豊かであるから、うまく機能するもの**です。合理的に正しいプログラムを学べば、誰でもできるというものではなく、前提となるメンバーとの関係性が重要なのです。

たとえば、メンバーから「実は相談したいことがあって、５分だけお時間はありますか？」と話しかけられたときに、「いまは忙しいから、次の１ｏｎ１の機会にゆっくりと話そう」と返したことはないでしょうか。

このとき、本音を話したかったメンバーからすれば、忙しいことを理由にたった５分の時間もつくってくれないリーダーを信頼することはありません。数日後の１ｏｎ１で「この間の相談って何？」と聞いても、メンバーは何も話してくれないでしょう。

1on1における「あきらめの壁」とは

自分を客観的に見つめ直し、「やったふり」「言ったふり」を消していくと、「自分は何もしていない」ことに気づき、不安になるかもしれません。でも、それでいいのです。

過去の経験よりも、これからの行動を信じてください。なぜなら、未知なるアイデアは必ずあなたの中にあるからです。そして、信じる姿勢をメンバーにも向けてください。これまでは「メンバーに聞いても何も出てこない」「メンバーはやりたくないに違いない」とあきらめて、その気持ちを確かめる対話が少なかっただけです。

リーダーとして向き合うべきは、この「あきらめの壁」を突破することです。それはリーダー一人が行うことではなく、メンバーと一緒にチームとして成し遂げることです。

図3は、1on1を5つの段階に分けて示したものです。曲線は「ダニングクルーガー効果」と呼ばれる認知バイアスを模したものです。**自分の役割に対し「自分の能力が低い**

図３　１on１における「あきらめの壁」

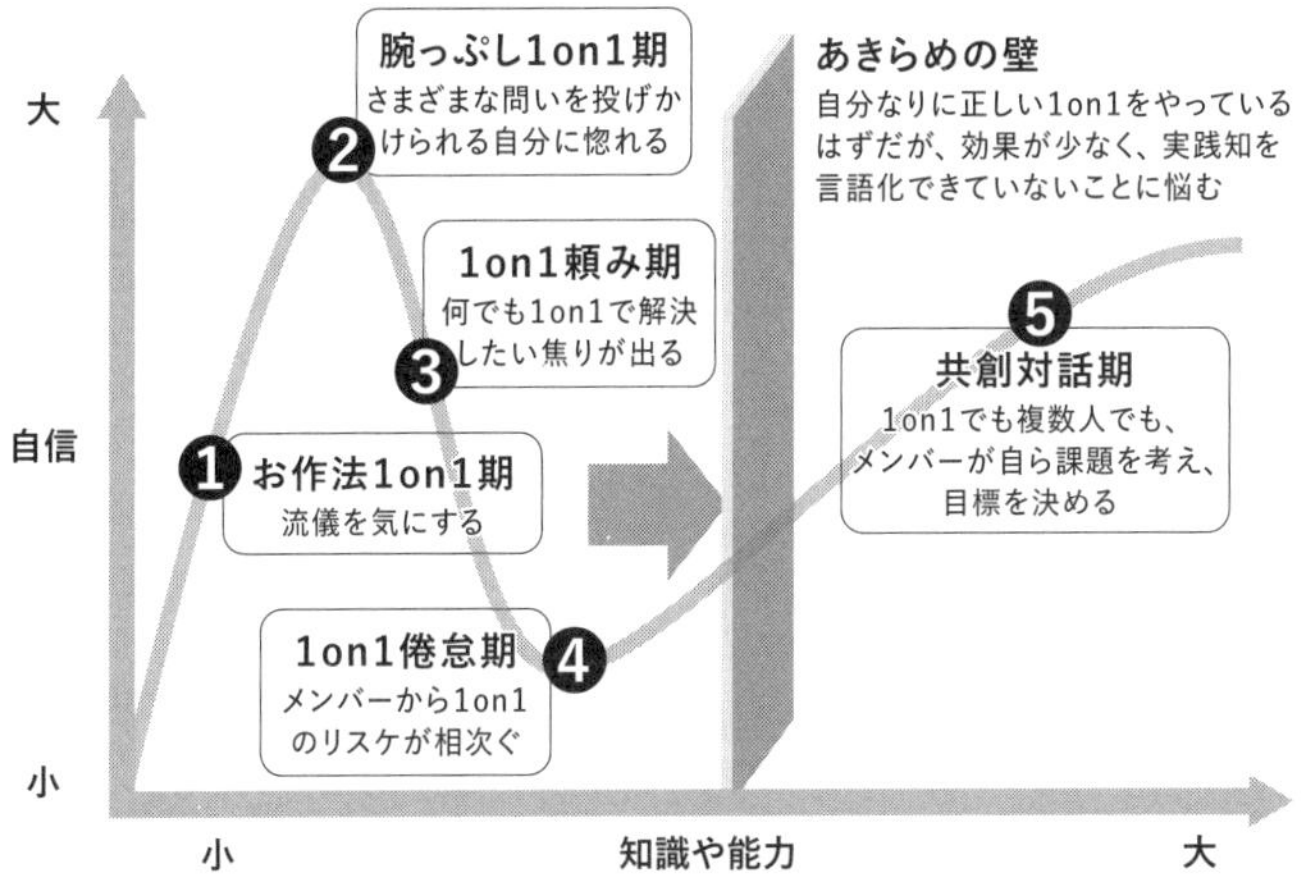

にもかかわらず、自己を過大評価する傾向のある人、つまり、ごく普通の人が「やったつもり」で駆け上がり、「実は何もやれてない」ことに気づき、そのどん底から改善へと回復する流れが描かれています。

この時系列の変化に、１on１で悩むリーダーが共創に向けたゴールを目指す軌道に回復するまでの意識変化を重ねました。５つの段階の具体的内容は次の通りです。

①お作法１on１期

リーダーが学んできた知識やスキルに頼り、１on１の流儀にこだわる時期です。ここでのリーダーは手応えを感じます。なぜなら、学んできたことを試すと、実際にメンバーが想像通りに返答してくれるからです。

その機会が制度として設けられたことを喜び、リーダーがメンバーの思考をコントロールできているような錯覚を感じます。リーダーは自分の能力を実力以上に過信してしまいます。

②腕っぷし1on1期

リーダーは、「メンバーが話してくれるのは自分の1on1が優れているから」と自信を持ち、「もっといい問いを投げかけよう」「メンバーにもっと深く考えさせよう」と前向きに考えます。リーダーの自信が①から②へ急上昇し、独演会化している時期です。

たとえば、メンバーは仕事の進捗について相談したいのに、キャリアのビジョンを問われ、その不十分さに対してリーダーの独演会が始まるといったことが起こります。

この頃、メンバーの内心では「質問して欲しいわけではない」「もっと話を聞いて欲しい」「一緒に話をしたいのに、何だか一方的なドッチボールみたい」と、1on1への期待が薄れていきます。

質問に対してメンバーが黙り込んでしまうことが増え、「あれ、何か様子が変だな」とリーダーが気づくのが②の頂点の位置です。そして、リーダーは反省をします。

③1on1頼み期

リーダーは、メンバーとの関係性を回復したいという焦りから、さらに1on1に力を入れようとします。メンバーの些細な相談でも「わかった。次の1on1でしっかり話そう」と伝え、何でも1on1で解決するようになってしまうのです。そして、メンバー全員との1on1を設定する機会が多くなり、リーダーの忙しさが増すことで、メンバーとの日頃のコミュニケーションは減っていきます。

一方、メンバーはリーダーの熱意とは裏腹に、「何で1on1ばかりやるのだろう」「やらなくていいのでは」と完全に冷めた気持ちになり、まったく話さなくなります。

④1on1倦怠期

メンバーからの「1on1はやりたくない」という気持ちはリーダーにも伝わっています。実際にメンバーから1on1のリスケや中止を求める動きが見られます。そして、初めてリーダーは何かが間違っていることに気づくのです。目の前にはリーダー自身が「1

ｏｎ１はやっても意味がないのではないか」と思い始めたことによる「あきらめの壁」が立ちはだかります。この壁を前にして「困った」と悩むリーダーが多いのです。

「自分なりに学んだ通りの正しい１ｏｎ１をやっているはずなのに、効果も薄くなってきたし、むしろメンバーとの距離ができている。伝えたいことはたくさんあるのに、それを言葉にする術がない」

ここが分岐点です。**リーダーが「１ｏｎ１はどうせやっても意味がない」と思い込んでしまうと、変わることができず、１ｏｎ１は形骸化していきます。**メンバーはリーダーとの対話にあきらめを抱えたまま、リーダーも「自分はリーダーに向いていないのでは」と悩み、チームは力を発揮することができません。

一方、「自分をもう一度信じよう」「変わっていこう」とあきらめなければ、自己検証と謙虚な姿勢に基づく対話をメンバーと重ね、共創のゴールへ歩み出すことができます。

⑤共創対話期

あきらめの壁を突破することにより、「対話→連携→共創」への道筋を見出します。リーダー一人が牽引するのではなく、チームメンバー全員の連携によって成し得ます。

イマドキ部下がリーダーに求めているもの

若い世代の価値観を知る

対話は双方向のコミュニケーションです。リーダーとメンバーの対話に必要なものをメンバーの視点から検証していきます。両者の認識のズレを解消し、信頼関係の構築には何が必要なのかが見えてきます。

若い世代に話を聞くと、よく身近にいるリーダー像として「仕事に情熱を持って取り組んでいる姿」はあまり話題にのぼりません。むしろ、リーダーに対して「ちょっと怖い」「自分はあんなに仕事人間になりたくない」という意見が多数を占めます。リーダーからすれば、仕事の意味や目的をメンバーに伝えたいのに、「怖い」「ああはなりたくない」と思われてしまうと、メンバーにどう話していいかがわからなくなってしまいます。

こうした価値観の違いは、自分の頭の中で考えていても解決しません。客観的な検証が

図４　仕事に対する価値観（三大因子）の変化

2000年以前	三大因子の変化	2000年以降
Fame 名声 君はエリアナンバー1の業績だ	→	**Family 家族** 君の存在はなくてはならない
Money 報酬 頑張ったら高級車だって買えるぞ	→	**Learning 学習** どんな経験も次に活かしていこう
Prestige 立場 もうすぐ管理職になれるぞ	→	**Impact 影響** 君に感化されたよ

出典：association for talent development 2016

必要です。

図４は２０００年を境に、仕事に対する価値観（三大因子）がどう変化したのかを示したものです。上司世代は、少なからず２０００年以前の価値観の中で社会人となり、仕事を覚え、部下たちは２０００年以降の価値観の中で成長し、社会人になりました。それを前提に、違いを見ていきます。

●上司の価値観

三大因子の「名声」「報酬」「立場」には、先達の成功モデルが存在し、自分の将来は同じような道を進むことで少しずつよくなっていくという確信がありました。自分の頑張りに対する評価は、達成度合いや前例との比較で明確に得られるので、上司と密に対話をしなくても、仕事をやる意味は自ずと感じられていました。

●部下の価値観

三大因子が「家族」「学習」「影響」に変化しています。家族は実際のプライベートな家族を指すことはもちろん、会社の一員として「自分の存在が必要とされている」と感じられることも該当します。学習は、たとえ目標が未達であっても、その仕事の経験から自分の中に何かが蓄積され、次に活かせるなら満足感を得ます。影響は、自分の行動が他者に対して文字通り影響を及ぼすことです。

部下の価値観は上司と明らかに違うのに、上司の価値観で問いかけてしまうとエラーが起きます。たとえば、「君も頑張れば課長になって、エリア一番の出世頭になるぞ」と声をかけても、部下は「名声」や「立場」について価値基準を持ち合わせていません。すると、「望んでもいないのに課長になれと言っている」「キャリアを出世が早いか遅いかでしか判断できない」と捉えられ、嫌悪感を抱かれてしまうのです。

上司は、自分と部下の価値観に違いがあることをはっきりと自覚する必要があります。**「自分は若手のことを一番よくわかっている」と思っているリーダーは危険**です。実際、「自称よくわかっている上司」の組織エンゲージメントスコアは低く、離職が止まらないという事例をたくさん見てきました。

価値観の違いは悪いことではありません。互いに違うからこそ、それぞれ異なる既知を持ち得るのです。異なる既知と既知を結び付けることで新たな価値を創出できます。

ここまでの内容を踏まえて、若い世代の価値観を整理すると、次のようになります。

・過去の成功例や前例主義に価値を見出さない
・心理的安全性が毀損されない、自分がすでに持つ価値観の居場所を求めている
・自分がここにいる意義、人とのつながり＝連携が大切だと考えている
・周りの人たちと自分が影響を与え合う、頼り、頼られる共創の場で働きたい

対話を通して部下に「見ているよ」を伝える

部下は、上司に「自分のことをきちんと見てくれている」ことを求めています。部下

は、「この会社でよかった」「この仕事が楽しい」と感じられることを望み、自分の価値観と照らし合わせて、仕事を通じた経験がどのような意味を持ち、どうすれば成長につながるかを知りたいのです。

上司が部下に自分の武勇伝、若い頃の情熱を語っても意味はありません。経験という事実に対して否定や評価も不要です。若い世代の仕事に対する価値観（三大因子）のひとつである「学習（どんな経験も次に活かしていこう）」に着目し、部下の経験や成長を「きちんと見ているよ」と伝えることで、信頼関係が深まります。

部下に「きちんと見ている」ことを実感してもらうには、対話が有効です。それは日常の中の数分のコミュニケーションで構いません。これまで忙しさを理由に断ってきた、部下と対話する時間を積極的に設けるようにします。そして、部下の話を聞く際は、次のような姿勢を心がけましょう。

●部下の目線に合わせて経験を紐解く

あなたと部下では、同じ経験をしていても、見えていることが違います。部下が「何を見ていたのか」に焦点を当てて、相手のエピソードを聞きましょう。経験を話しながら言葉にしてもらうことによって、気づきや感じたことを部下が再検証する機会になります。

●部下の感じ方のレベルを見る

経験が少ない若手の部下は、気づきが少ないのは当然です。そのときに「こんなこともあった」と正解を教えるのではなく、「次はこういうチャレンジをしてはどうか」と成長につながる視点を提供します。

部下は日常的な対話の中で、「上司が見ていてくれているおかげで、自分の現状を知ることができる」ことを実感します。それが仕事の理解、チームの理解へとつながり、その先にある貢献意欲へと積み重なっていくのです。

年上部下との信頼関係づくり

上司に対する認識のバイアスを解消する

人生100年時代では、定年の年齢が延び、定年後も再雇用でしっかり働きたいと考える人が増えていきます。今後、年上部下を持つ、自分が年下上司のもとで働くことがあるかもしれません。

若い部下でも年上部下でも、接し方や考え方は変わりません。けれども、年上部下を苦手と感じる人は多いようです。これは上司も年上部下もトップダウン型組織の中で働いてきたがゆえの認識のバイアスが影響しています。

上司は上司たるもの、部下より優秀でないといけないと考える一方、年長者に対して指示を出すのはおこがましいといった意識もあります。年上部下は、年下でも自分より出世している上司に対して、「自分なんかが……」という謙遜や複雑な心情を抱えています。

そのため、接し方は若い部下と同じでも、年上部下の複雑な心情に配慮する必要があります。リーダーやメンバーはどうしても、その人の経験や経歴を意識してしまうものです。すると、本人の既知や価値観にたどり着く前の部分で理解が止まってしまいます。そのため、年上部下からすれば、見当違いの期待を避けるために、「私なんかが……」と謙遜して、やり過ごす選択をしてしまうのです。

年上部下との共創をゴールに見据えるなら、**外枠の経歴はいったん忘れて、「これまでどんなことを積み上げてきたのか」「これからどんなことを積み上げていきたいのか」という点を、最初の対話で引き出す**ことから始めてみましょう。

「頼り・頼られる関係」の構築を目指す

もうひとつ、年上部下との対話で上司が心がけることがあります。かつてはプレイヤーだった年上部下でも、プレイヤーとして再登板する環境が大きく変わってしまったため、そのチームに自分のどんな既知が役立つのか、わからないことが多いのです。

そこで、上司のほうから情報提供することで、双方の合意点を見つけやすくします。具体的には次の３つのような内容を伝えます。

①ありたい姿の開示

「今、このチームではこうありたいと考え、それを目的に各自の得意分野を活かす取り組みを考えています」

②足りない弱みの相談（不安の開示）

「けれど、私たちにはこうした課題を担える人がいません。私も含めて手探り状態です」

③「力を貸してくれませんか?」と提案

「この分野で20年の経験をお持ちですよね。何が必要で、どう考えればいいか、教えていただけないでしょうか?」

年上部下の経歴という外枠と同じように、上司たる者という意識をいったん外します。**相談という入口からアプローチしていくと、年上部下も自分側に検討の余地が生まれる**ので、できることを見つけやすくなります。

「見ています」という信頼から、「頼る」という連携までが相手に伝われば、「それだったら、実は……」と主体的な発言、本音の扉が開きやすくなります。

一方、ＮＧなアプローチも挙げておきます。

①「無理のない範囲で結構ですから」というお願い

「どうせやらないだろう」というあきらめが相手に伝わり、一歩引かれてしまいます。

②「もっと主体的にやってください」とマイナスの指摘をする

これでは年上部下も返す言葉が見つかりません。「何か困っていること、やりにくい点はありませんか？」と聞き、現状をどう感じているかを知ることが大切です。

③年齢のせいにする

これも①②と共通しますが、上司の「期待していない」という評価が先にあることが、ＮＧにつながる要因です。

定年後も働きたいと思うシニアは、これから増えていきます。そうした人材を活かしていくのも上司の役割です。上司としての対応は、若い部下も年上部下も同じですが、違いが生まれてしまうとすれば、上司側に何らかのバイアスがあるからだと、まずは謙虚に自分に問いかけてみましょう。

対話力でメンバーの成長実感を高める

自分の成長実感を言葉にするのは難しい

成長実感とは、自分が過去の自分よりも「成長した」と感じた内容を言葉にすることで、自分の成長を認識することです。

ここまで、対話によってメンバーの本音を引き出す、既知を見出す、既知と既知を結び、掛け合わせて連携をつくることなどを述べてきました。つまり、対話とは、「メンバーの言葉を生み出すためのアプローチ」とも言えます。

「何かができるようになった」「何かに貢献できた」と自覚するためには、自己の認知をさらに客観的に捉える「メタ認知」が必要です。しかし、なかなかできることではありません。**自分の成長実感を自分で言葉にするのは、実は難しい**ことなのです。

そのため、メンバーが仕事の中で成長実感を自覚するための言語化は、リーダーが対話によって引き出してあげる必要があります。

対話により成長実感を言語化する

もう少し成長実感とは何かについて説明します。新人の頃は、「早く成長したい」という明確な成長意欲がみなぎっているものです。これは就職活動中、面接などで何度も聞かれるので本人も自覚しています。

成長意欲は、入社間もない時期にピークを迎え、そこから1年経ち、2年経つと「成長したい」という意欲よりも「成長した実感を得たい」という思いが強くなります。

成長意欲の段階では、成長の度合いを本人も周囲も確認しやすく、「研修を終えた」「資格を取った」といった言語化で判断できます。ところが、前述のように成長実感の言語化は本人も難しいため、本人の成長したという自覚も、周囲の客観的な気づきもあまり言及されないのです。

新人の時期は指標がある「人材育成フェーズ」とされ、一定水準に達すると指標のない「人材開発フェーズ」に移行します。 人材育成・開発で困っているという組織の多くは、人材開発フェーズの社員が明確な指標がない中で成長を言語化できず、成長実感を得られないことに悩んでいます。

人材開発フェーズで成長実感を自覚できると、モチベーションは着実に上がり、自発的な取り組みに進むことができます。ところが、一定水準に達した社員には、わかりやすい成長意欲はもはや見えません。そのため、新たな資格制度や評価制度を導入して意欲を高めようとする企業は多いのですが、これは逆効果です。

本人が得たいのは成長実感です。外的な基準で納得のいかない評価にさらされるとモチベーションは下がってしまい、それ以上の成長が難しくなるのです。だからこそ、対話で成長実感を引き出すことが重要です。

人材育成段階の新人、一定水準に達した中堅、年上のベテラン人材。どのメンバーでも対話ですることは同じです。「どんな気づきがありましたか？」と現在のレベルを確かめ、「それなら、これをもっとやってみたらいいのでは？」と成長へのチャレンジを促し、「その件については、あの人が詳しいから相談してみてはどうか？」と連携を調整します。

対話により、メンバーの成長実感を高め、チーム全体のモチベーションが上がると、連携が強化されます。チームはさらに強くなり、成果が上がる組織へと変わります。

リーダーがメンバーの「何ができるようになったのか」「何を成長したと感じているのか」を引き出すことで、その人らしい行動や、その人らしさを高めていけるのです。

そうしたリーダーの姿をイメージしながら、対話の重要性を理解し、メンバーと接していけば、部下の成長を促すことができるでしょう。

第2章

対話力で自立型チームを育てる

「自社らしさ」と「自分らしさ」

「貢献意欲」を社員目線で考える

企業経営や組織づくりにおいて、エンゲージメントへの関心が高まっています。ビジネスの現場におけるエンゲージメントとは、社員の会社や組織に対する愛着、思い入れのことを指し、エンゲージメントを高めることで社員の貢献度や業績の向上につながるとされています。

ところが、会社側は社員の貢献度や業績の向上という結果ばかりに目がいきがちです。エンゲージメントは、「どうしたら部下が育つのか?」だけでなく、「どうすれば部下から信頼される組織になれるか?」という社員の想いに寄り添った視点も重要です。

会社には、その会社特有の「自社らしさ」があります。**自社らしさとは、組織風土や文化、働く環境、経営方針など、組織として共有する価値観に根ざした諸要素の集合体**です。ここから、その会社のブランディングが形成され、社会的に認められる価値観＝ブランドが誕生します。

一方、第1章で見たように、２０００年以降の**仕事に対する価値観を構成する「家族」「学習」「影響」は、いずれも入社前からの人生に根ざしたものです。これが「自分らしさ」です。**会社の自社らしさと社員の自分らしさの重なる部分が、社員側から見た「この会社で働きたい」と思える理由や動機につながります（図５）。

会社は、社員に対して貢献意欲としてのエンゲージメントを求めます。しかも、多くの場合、トップダウンの前例主義にならった正解を学ばせようとします。社員からすれば、働きたい動機は自分らしさに根ざしたものなので、いきなり、自分らしさと重ならない自社らしさを押しつけられても、「何か違う」としか思えません。

社員の「この会社で働きたい」を、会社と社員の結びつきとしてのエンゲージメントにつなげるためには、やはり、対話が必要です。

次に、全国にカフェチェーン店を拡大している企業を例に、どういう対話が有効なのかを社員Aさんの目線で整理します。

図５　会社の「自社らしさ」と社員の「自分らしさ」の関係

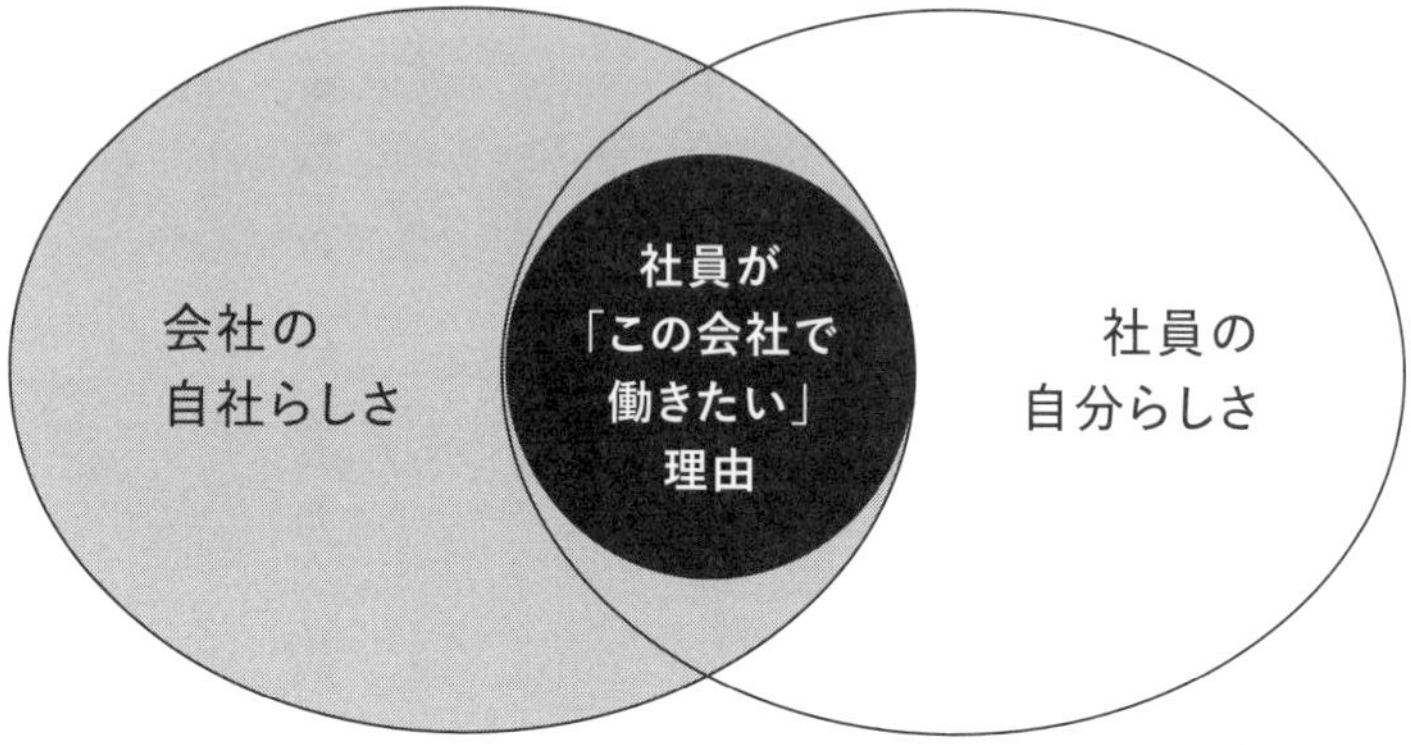

●入社前

・Aさんは、以前からそのカフェを利用していました。他とは違う「そのカフェらしさ」があったからです

・バリスタの技術が他のチェーン店とは格段に違い、スタッフの働き方を見ていても、マニュアル通りという印象がなく、それぞれの「自分らしさ」を感じます

・それは、そのカフェチェーンの他の店舗でも同様に感じました。このカフェのブランドには、自分が共感できる要素がたくさんあります

・Aさんは、このカフェを社会に広げているこの会社で働きたいと思いました

●入社後

・まずは店舗研修です。Aさんは「美味しいコーヒーを淹れる技術」「接客のオペレーション」を学ぶだろうと考えていました。自分が好きなカフェでの仕事です。どんなに地道な業務でもしっかりやろうという成長意欲にあふれていました

・店舗研修では、具体的な業務の研修に入る前に、対話の時間がたっぷりと用意されました。「あなたがこれまでカフェや外食の体験で感動したものは何ですか?」という問いから始まる自分らしさと自社らしさの重なりを考えるための対話です

・Aさんは、自分の感動を探るうちに、自分がこのカフェを好きになったのは、何よりも居心地のよさ、その背景には高いホスピタリティがあることだと気づき、それを言葉にしました

・Aさんはこの対話を通じて、自身の大事にしている感情＝自分らしさを知るのと同時に、自分がカフェに寄せていた感情＝自社らしさとの重なりを確信しました

・Aさんは、「自分もあの感動を提供したい」「感情を伴った働き方をしたい」といった成長意欲に満ちあふれ、その後の実習研修や人材育成期の働きぶりで高い評価を得ました

「自分らしさ」と「自社らしさ」の重なりを最大化させる

Aさんの事例では、次のようなことが起きています（図6）。

①自分らしさ（価値実現）と自社らしさ（ブランド）に共通点を見つける
②会社のブランドと自分の価値実現の重なりから、「この会社で働きたい」理由を言葉にする
③自分はこの会社で感情を伴った働き方をしたい＝会社への自発的な貢献意欲へ発展する
④自社らしさと自分らしさの重なりを大きくしていくことで、両者が一緒にエンゲージメントを高めていく

このように、対話によって企業の自社らしさと社員の自分らしさの重なりを見出し、その円を大きくしていくことがエンゲージメントの向上へとつながります。これは、組織やチーム単位でも同様です。メンバーそれぞれのエンゲージメントをチームの連携に発展させ、全体のエンゲージメントを向上させることにより、チームが強くなっていきます。

図6　対話によるエンゲージメントの向上

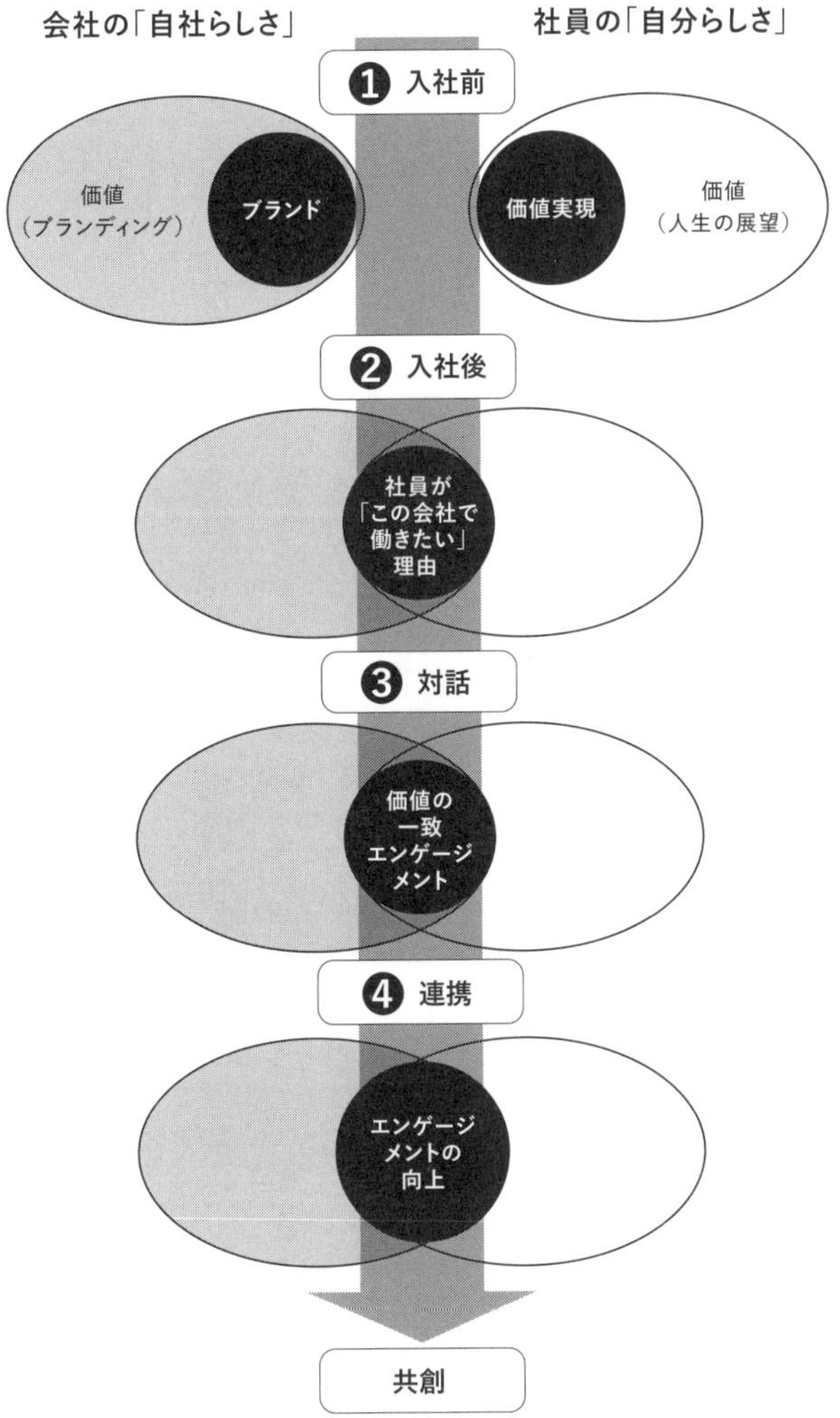

メンバーの強みを貸し借りする

「このチームだからできる」は対話から生まれる

ここでは、小売店の店長と店員をモデルケースとして対話によるチームづくりを考えていきます。小売店は、ＰＤＣＡサイクルが早いので変化が捉えやすいビジネスです。読者の皆さんは自分たちの仕事のサイクルに置き換えて読んでください。

鉄道沿線の各駅にチェーン展開する生花店が舞台です。取り扱う商品も人員規模も、店舗間の差はほぼありません。その中に、乗降客数が少ない郊外の駅でありながら、ターミナル駅の店舗よりも高い利益率を達成している店舗Xがあります。

一般的に条件が同じ店舗の利益率の差には、次のようなチームとしての特徴が隠れています。

・優良店……チーム独自のミッション・ビジョン・バリューがあり、メンバーが共有している。人材が定着し、どんどんサービスレベルが上がっていく

・通常店……チームの仲はよいが、「何のために」「どうありたい」などの共通の目的が不明。学生アルバイトが年度ごとに入れ替わるため、サービスレベルは悪くはならないが、よくもならない

・問題店……リーダーの責任感は強いが、多くの専門業務を巻き取ってしまい、メンバーのエンゲージメントが向上しない。辞める人が多い

店舗Xは、もともとは通常店でした。乗降客数が少ない郊外の駅のため、何もしなければ何も変わらないことに店長は気づきました。でも、何ができるのか？

チェーン展開するこの会社のミッション・ビジョン・バリューは、「沿線の方の心に咲く花になろう」でした。それはすべての店舗に掲げられ、店長以下アルバイトも日々見ています。

ある日、店長は「この言葉は全店に掲げられているけど、店の立地条件、周辺環境はそれぞれ違う。この店にとってはどういう意味を持つのだろう?」と考えました。しかし、

明確な答えが出ません。そこで店のメンバーに相談します。

「そもそも、この店のお客様って誰？　その人たちにとっての花は何？」

社員は店長だけです。メンバーは学生アルバイトや子育て世代のパートで構成されていました。生花店でのビジネス経験がある人がいたわけではありません。

大学でマーケティングを学んでいる学生アルバイトのAさんは、次のような話をしました。

「うちのお店は急行電車が止まらず、一見のお客さんだけでは売り上げが見込めません。しかし、近くに市民ホールがあり、市民ホールのイベントのときに売上が高くなります」

店長はAさんに「マーケティングの勉強をしていると言ってたよね。市民ホールの観客には、具体的にどんな人が多いのか調べられる？」と聞くと、Aさんは市民ホールの事務局にアポイントメントを取り、イベントの動向についてヒアリングしました。

「このホールでは、ピアノやダンスなど、子どもたちの発表会で利用されることが多いようです。お子さんが喜ぶようなアレンジが喜ばれるのでは？」

店長は「なるほど！」と思ったものの、流行りの手の込んだアレンジは得意でしたが、子ども向けのノウハウがありません。「私、そういうのは苦手なんだよね」と悩む店長に、パートのBさんが手を挙げます。

「実は、私の前職は保育士です。その頃、子どもたち向けの装飾をたくさん経験したから、好みはわかりますよ。花だけでなく、シールやリボンにこだわるといいかも」

Bさんがつくったサンプルを手本に、みんなで手分けをして装飾し、ホールで発表会のある日には子どもが喜ぶような小さめのフラワーアレンジメントを準備して店頭に並べました。すると、それまで以上にホールに向かう人が買い求め、売上が増加。テーマを絞って仕入れたため材料ロスも少なく、利益率が格段に向上したのです。

ミッション・ビジョン・バリューを翻訳する

ここで重要なのは、店長がミッション・ビジョン・バリューを具体的に翻訳したことです。**ミッション・ビジョン・バリューは額縁に入れて飾ってしまうと、改めて意識することが少なくなる**ものですが、そこには自社らしさが言語化されています。

ミッション・ビジョン・バリューと、自分らしさ、チームらしさの重なりを見出すには、自分たちなりの翻訳が必要です。その翻訳と共通理解を成し遂げたのが、店長を起点にした対話でした。この事例と第1章で解説した対話の重要性を重ねてみます。

・店長は対話によって、個々のメンバーの既知を引き出した

・学生の「マーケティング」の既知、元保育士の「子ども目線」の既知をメンバー全員で連携した

・「沿線の方の心に咲く花」を「ホールの発表会で子どもたちに笑顔を届けるための花束」と翻訳し、それをメンバー全員の目的にした

・それは「乗降客数の少ない郊外の駅でも売上と利益率を上げるために、この店にできることは何か」をビジョンとして見据えたことでたどり着けた

・メンバー全員が、「結果が出たときに、自分たちがどうありたいか」を理解していたからこそ達成できた

メンバーの目標をオープン展開する

生花店の事例では、対話がスムーズに進みました。同様のやりとりをする際にとても役立つのが「WILL×SKILL×CHALLENGE一覧表」です（図7）。業種や企業

規模、提供する商品・サービスなどが違っていても活用できます。

実際に表を作成しようとすると、「意外に知らない」「埋められない」と焦るかもしれませんが、**最初はお互いをあまり知らないことに気づくのが目的**です。メンバーのことを知るための対話からスタートしましょう。それでも空欄が残ってしまうメンバーがいる場合、そこに気づくことも、作成の目的と言えます。

この表があると、**メンバー間でSKILL（特技や実績）の貸し借りができる**ようになります。「子ども向けのアレンジ」ができなければ、できるメンバーにセンスと技術を借りればいいのです。貸し借りに立場の上下や、年齢・経験の違いは関係ありません。

リーダーがメンバーに「ちょっと教えてくれませんか？」とSKILLを頼ることもできます。メンバーの「したい（WILL）」に「経験（SKILL）」が足りなければ、「それならCさんが得意だから、相談すればいいよ」と調整すれば、貸し借りができます。

WILLは、メンバーの「強み・特技」です。「○○の強みを活かして、△△に貢献したい」のうち、特に大切なのは「△△に貢献したい」です。「○○の強みを活かして」がまだ

図7　目標のオープン展開「WILL×SKILL×CHALLENGE 一覧表」

メンバー	WILL（強みや特技）	SKILL（特技や実績）	CHALLENGE（目標）	
			チャレンジするテーマ	ストレッチ度5段階
リーダーNさん	～に**貢献したい**	～ことが**得意**	…	2
Aさん	大学でマーケティングを専攻している知見を活かして、地域の活性化に**貢献したい**	公民館のスケジュールを入手し、販促カレンダーをつくる**ことが得意**	販促カレンダーの作成	4
Bさん	元保育士として、地域の子どもたちの笑顔に**貢献したい**	子どもが喜びそうな装飾や加工技術を提案する**ことが得意**	アレンジメント装飾キットの作成	3
新人Cさん	～に**貢献したい**	～ことが**得意**	…	5

ない場合は、「ＳＫＩＬＬ」と同様に他のメンバーから借り、協力を得ることができます。

また、ＷＩＬＬの「△△に貢献したい」という思いは、他のメンバーと貸し借りできません。「あなたの貢献意欲を私にください」というのはあり得ないのです。でも、この点は心配に及びません。

新人ほど、「△△に貢献したい」をしっかり持っています。就職活動中に何度も聞かれるので、かなり言語化できています。「△△に貢献したい」を見える化することで、新人でも他のメンバーのＷＩＬＬを知って共感するなど、チームの見方が変わってきます。

ある程度の年数を重ねたメンバーで「ＷＩＬＬ」が空欄になる場合は要注意です。実は、周囲も本人も気づかないうちに「何をしたいかわからない」「とにかく給料をもらえればいい」となっていることがあります。

「CHALLENGE（目標）」の項目には、チャレンジするテーマとストレッチ度を記入します。ストレッチ度は、チャレンジするテーマを「1：退屈さを感じる」「2：いつも通りに処理できる」「3：想像がつくが、自分にとって新鮮」「4：想像がつかず、支援が欲しい」「5：困難でパニックになりそう」の5段階で評価してください。

このように、メンバーそれぞれのＷＩＬＬやＳＫＩＬＬを把握することはチーム力向上につながります。ただし、作成するリーダーのバイアスをなくし、誰が見ても納得できる客観性を保つことが重要で、そのためには前提となる対話の型を知り、対話力を磨く必要があります。対話の型については第3章で説明します。

チームの共通目的を持つ

強いチームに必要なのは「共通目的」

米国の経済学者チェスター・バーナードは、組織の成立条件として3つ（組織の三要素）が重要だと提唱しています。生花店の事例を当てはめてみると、次のようになります。

①チームの意思疎通（コミュニケーション）……店長を起点とする対話
②チームの協働意欲（相互補完）……各メンバーのSKILLの貸し借り
③チームの共通目的（一枚岩感）……「沿線の方の心に咲く花になろう」の翻訳

③の有無が優良店と通常店の違いです。その違いを生んだのが①です。①と③があればこそ、②ができます。メンバーの既知と既知を掛け合わせて、「この店だからできること」が実現できます。

図8　目的としてのありたい姿

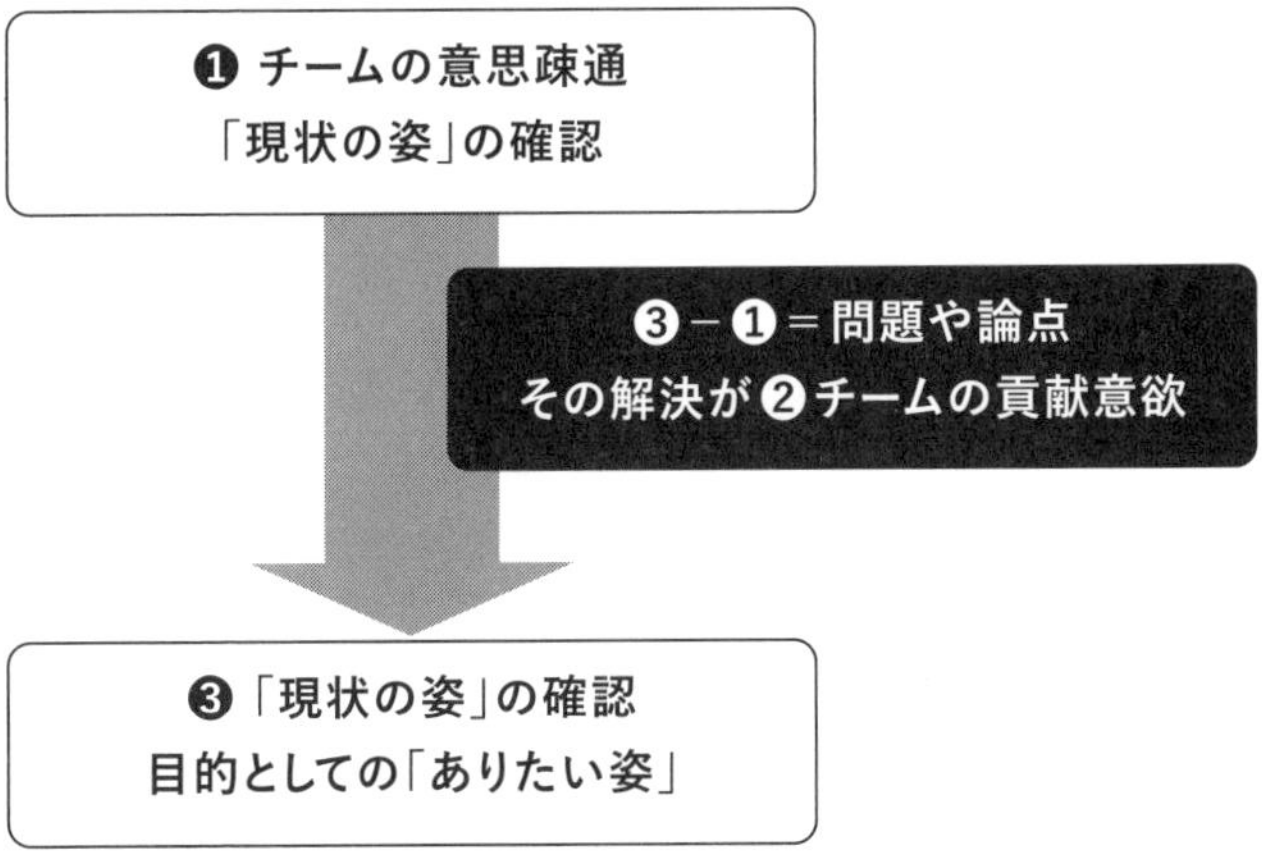

対話の重要性はわかっていても、ただ対話するだけでは、「仲のいい通常店」と変わりません。「今、何を話したいのか」「まだ話し合っていない要素は何か」がないままだと、「ずいぶん話したのに結局、何も決まらなかった」となってしまいます。①〜③をシンプルに整理すると図8の関係が見えてきます。

対話による「①チームの意思疎通」で「現状の姿」が確認できます。上司による明確な目的は対話により、「③チームのありたい姿」としてメンバー全員に共有されます。③と①の差にあたる部分が「問題（論点）」です。その解決にチームで取り組み、その連携から生まれるのが、「②チームの貢献意欲（相互補完）」なのです。

チームの共通目的＝ありたい姿に必要な2つの目標

会議やミーティングで、結局何も決まらない原因の多くは、「問題（論点）」ばかりを話し合っていて、「ありたい姿」がないからです。

現状と問題だけを確認し合っても、議論は先に進みません。「この問題が解決したら、どういう姿になっていたいのか（状態目標）」がなければ、問題に対しての指示・伝達だけで終わってしまうのです。

「ありたい姿」を目的に据え、そこにチームで向かうためには、成果目標と状態目標の2つが必要です。成果目標として「どういうゴールがあるのか」、チームの状態目標として「私たちはそれができたときに、〇〇なチームになっていたらいいよね」をメンバー全員が持つことで、目的達成時に達成実感を得ることができます。

そのためには、チームがどうありたいかを、「この会社」や「この業務」ではなく、「自分たち」を主語で考え、話し合うことが効果的なのです。

チームとしての働きがいを明確にする

リーダーはモチベーションの「節目」を意識する

チームがありたい姿に向けて進むためには、モチベーションをコントロールする必要があります。それができるリーダーは、「節目」を意識した目的をつくることを心がけています。なぜなら、**節目がないと目の前のミッションを「とにかく頑張る」か、展望があやふやなまま「できるだけやる」となってしまう**からです。

「この1年でチームとして結果を出す」「3か月が過ぎた頃には、全員が何かしらのスキルを身につける」など、節目となる時期を設定して、ありたい姿をイメージする必要があります。

節目節目の状態目標は、「すごい話」でなくてもよく、むしろ「困ったらすぐに相談する」「できない理由ではなく、どうしたらできるかを話し合う」など、合言葉のようなもので構いません。節目を設定することで、節目を乗り越えるたびにチームがどんどん強くなっていきます。

一方、チームマネジメントがうまくいかないケースの多くは節目がなく、チームに「とにかくやる」「とにかく売る」「とにかく勝つ」という「とにかく思考」が蔓延しています。

ありたい姿を明確にする

お互いに「話し合おうね」が当たり前になると、メンバーから「このチームが好きだ」「この仕事が好きだ」などの声が自然と湧き上がってきます。対話の頻度や質によって、メンバーがチームに求める働きがいは大きく変わりますが、おおむね次の3つに分かれます。

①まるで「対話」をしない……チームを必要としなくなる

各メンバーが「売上成績を伸ばす」「会社への貢献ではなく、自分のインセンティブのために働く」など、チームの目的よりも外発的な報酬がメンバーのモチベーションになってしまいます。

②抽象的な言葉で「対話」をする……目的不在のチームになる

自分たちのありたい姿がないため、「決められた売上目標を目指す」「クレームが来ないようにする」など、目的が矮小化します。その結果、決められたルールの中でしか仕事をイメージできなくなってしまいます。

③明確な言葉で「対話」を重ねる……強いチームになる

節目節目の目的を全員で達成し、その都度、「このチームでよかった」を確認できます。その達成感は、「このチームならできる」と思えるようになり、モチベーションを高め、より高い目的を目指せる強いチームをつくります。

これまでのリーダーの役割は、最終的な結果を確認することでした。しかし、これからは、目に見えやすい成果目標だけではなく、そこに至る**節目節目の状態目標を話し合い、チームで成長実感を振り返る習慣**が求められます。

イメージできない場合は、次のように、メンバーに問うとよいでしょう。
「こんな目的を目指していますが、道のりのここの部分がまだ空いています。どうしたら埋まると思いますか?」

リーダーのそうした問いかけに、「実は……」と手を挙げる部下たちのエンゲージメントは確実に向上していきます。

パーソナルブランディングのつくり方

メンバーのエンゲージメントを高めるアプローチ

ここで、メンバー側に視点を移します。本章の冒頭で、自社らしさと自分らしさの交わ

図9　エンゲージメントから見る4つのタイプ分類

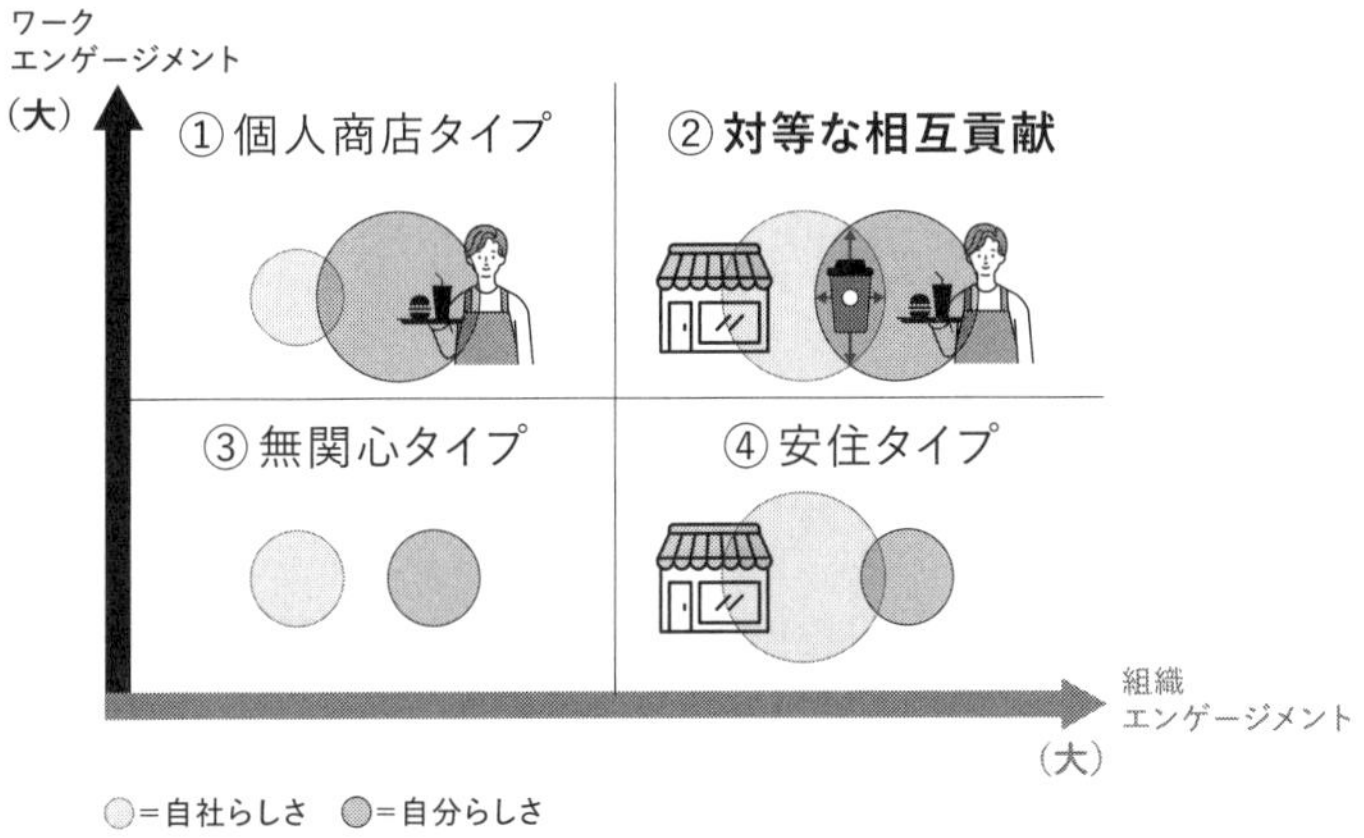

る部分を大きくすることが会社への自発的な貢献意欲＝エンゲージメントを高めると説明しました。

図9は自社らしさと自分らしさのバランスを示したものです。

横軸（組織エンゲージメント）は、組織への貢献意欲の大きさを表します。会社のブランドや福利厚生などに共感しているかどうかです。

縦軸（ワークエンゲージメント）は、仕事への貢献意欲の大きさを表します。担当している仕事にやりがいを感じているかどうかです。

薄いグレーの丸は自社らしさの度合い、濃いグレーの丸は自分らしさの度合いです。そのバランスの違いを目安に、メンバーの現状を4つのタイプに分類しています。

①個人商店タイプ……自社らしさ：小／自分らしさ：大

入社時に成長意欲が高かった社員が、一定のスキルを身につけ、自分なりに仕事ができるようになった頃になりがちなタイプです。会社側が「人材開発フェーズ」を用意していないと達成感が得られず、「この会社じゃなくてもいいか」と転職を考え始めます。会社に残ったとしても、スキルは自分だけのものと属人化させ、他者との連携もできなくなってしまいます。

②対等な相互貢献タイプ……自社らしさ：大／自分らしさ：大

本来、求められるべきエンゲージメントの姿です。本書が提案しているあるべき姿でもあります。

③無関心タイプ……自社らしさ：小／自分らしさ：小

社員の定着率が低い会社に多いタイプです。会社側は離職を防ごうと努力しますが、社員は自分がやりたいことも、自社のよさも感じられません。居場所がなく、孤独や不安を強く感じています。

④安住タイプ……自社らしさ：大／自分らしさ：小

会社の福利厚生や社内環境に好感を持っている一方、自分自身のやりたいことがわからないというタイプです。会社側のコストがどんどん増えていきます。

一番悲しいのが「無関心タイプ」、会社にとってプラスがないのが「安住タイプ」です。「無関心タイプ」の社員は、「個人商店タイプ」へ移行を促していきます。

「個人商店タイプ」は仕事の面白さを感じているので、「無関心タイプ」よりも貢献意欲が高く、手に職をつけている時期と言えます。若いうちは、自己流でできることと自分らしさが結びつけば、仕事の面白さを感じるようになり、「人材開発フェーズ」への移行も可能です。対話による意識改革で「対等な相互貢献タイプ」へのシフトも期待できます。

自分らしさを導き出す「快」

「無関心タイプ」「安住タイプ」の人材を導くためには、自分らしさを強化します。そうしたメンバーが自分らしさに向き合うために、リーダーには何ができるでしょうか。

自分らしさとは何かを紐解くキーワードは「快《かい》」です。誰しも「好き」「得意」に対しては、「この仕事をしているときは楽しい」「こういうアウトプットが出るから、やっぱりこの仕事はやめられない」などの「快」を持っています。

そうした「快」に気づくきっかけを、リーダーが対話で指摘することで、若いメンバーも仕事と「快」を結びつけて考える機会を持つことができます。

若手のメンバーに対して、「こういう仕事ができると気持ちいいよね」と話せば、「ああ、そういうことが仕事の醍醐味なのか」と考えてくれます。すると、「そういえば、自分もあの仕事は楽しかったな」と気づくことができます。

ただし、注意していただきたいのは、リーダーの武勇伝や苦労話は無用だということです。必要なのは、自分らしさを拡げ、自社らしさとバランスを取ることです。ヒントは会社のパーパスやビジョンの中にあります。パーパスやビジョンをリーダーの感情を伴う実体験に置き換えて伝えてください。悪い例、良い例は次のようになります。

×「なるほどね。私も昔は、そうやって苦労したんだよ。わかる、わかる」

○「そうか、その点を悩んでいたんだね。まさに会社のパーパスにある『お客さまのため』の具体だね。お客さまの怒った顔が和らいで、自分の仕事が役に立ったと感じると、やはり何とも言えない達成感があるよね」

自社らしさと自分らしさを言葉の理解で結びつけるのは難しいものです。でも、リーダーが感情を素直に表現すると、メンバーの受け止められる範囲が広がります。メンバーは自分の感情と重なる点があれば、理解の糸口となるからです。

そこから自社らしさの核と自分らしさの核が重なり合っていきます。その重なりを大きくしていくことがエンゲージメントの向上につながります。

エンゲージメントを向上させるパーソナルブランディング

自社らしさの核とは、会社の対外的なイメージであるブランドです。そこに自分らしさの核を重ねることができれば、感情を伴った働き方＝会社への自発的な貢献意欲につながります。私たちは、この意識改革を「パーソナルブランディング」と呼んでいます。

パーソナルブランディングとは、端的に言えば、「私と言ったら○○」を言葉にすることです。自分の強みや価値を言葉にすることで、「無関心タイプ」から脱却できます。

パーソナルブランディングが形成され、自分の貢献でもっと会社をよくしたいと奮起する意欲が湧いてくると、「安住タイプ」を脱却できます。

パーソナルブランディングには、感情を基軸にした自社らしさと自分らしさの理解が欠かせません。リーダーの役割は、対話によって感情が伴う言葉を伝え、メンバーに自社らしさを浸透させていくことと、メンバーの自分らしさを引き出すことです。

「自分たちならできる」と思えるチームをつくる

「持論」の貸し借りでチームの成功体験をつくる

ここまで、「既知」「自分らしさ」「SKILL」などに着目し、それぞれの部下が持つ、異なる自分らしさの重要性を見てきました。自分らしさを自覚したメンバーが集まることで、「このチームならできる」という高いモチベーションを持てるようになります。

「既知」「SKILL」「得意」「強み」などの自分らしさに紐づく仕事の仕方や成功パターンを言語化したものが「持論」です。メンバー同士の持論を互いに貸し借りしていくことでチーム全体の成功体験を高めていくことが大事です。

自分の持論を周囲からうまく引き出してもらえない人が増えています。そのため、せっかくの持論を自分だけで抱え込んでしまうのです。これは中堅社員が個人商店化してしまう要因のひとつです。リーダーがチーム内の対話を怠ると、メンバーの個人商店化が進み、チームに「一体感がない」「方向性がない」ことに悩むようになります。

個人商店のままだと持論は消える

持論は自分らしさから生まれるものです。しかし、孤立していては存在できません。個人商店化した働き方は、自分の仕事に集中できるので、はじめのうちは効率がいいと感じます。しかし、それでは自分一人の力量でできる仕事でしか結果が出せず、そのままの状態が続くと、何が持論かがわからなくなり、「自分には何もない」と自信を失います。

もう少したとえを補足します。正月休みで何が一番楽しかったかは、正月休みの最中にはわかりません。なぜなら、進行している出来事は総括して言語化できないからです。一方、正月休み明けの職場や学校で「正月に何が一番楽しかった?」と問われ、他者と語り合うと鮮明に言語化できます。人は過ぎ去った出来事を振り返り、言語化(=持論化)する機会がなければ、想いや考えを表現できないのです。

同じように、個人商店化した働き方では、自分のスキルを総括・言語化して他者に伝える機会が少ないため、「わからない」という表現になりやすいのです。

一方、**チームで持論を貸し借りできるようになると、少し背伸びしたタスクへの挑戦、一人では成し得ないことへのチャレンジが可能**です。最初は借りた持論でも、他のメンバーの成功体験をなぞることで自分の持論として磨くことができます。チームで持論を磨き合うことで、メンバーもチームも成長できます。

これはリーダーも同じです。特にやりたいことがない、なりたい姿もないのにリーダーになって、「メンバーに仕事を任せていれば、これまで通り何とかなるだろう」と高を括っている人は要注意です。そうした考え方では5年、10年と経つうちに自分の持論が消え、成果の出ないチームに安住するだけの存在となってしまうからです。そういう人生を選びたいでしょうか。

そうならないためには、リーダーも進んでメンバーから学び、持論を借り、新しい分野に挑戦します。メンバーと一緒に成功体験を重ね、「自分たちならできる」の一員であり続けることが大切です。それができれば、自分が年上部下として働く日が来たとしても、エンゲージメントを向上させ、意欲を失わず働き続けられるはずです。

メンバーの中から右腕を育てる

部下10人のコミュニケーションチャンネルは45本

日本では、組織の効率化が求められており、一人のリーダーが抱える部下の人数は増加傾向にあります。その結果、リーダーは慢性的な忙しさを抱えています。

部下が10人いた場合、双方を結ぶコミュニケーションチャンネルは45本あると言われています。これは、きちんとマネジメントするうえで難しい数です。そのため、「部下とのコミュニケーションが取れない」「部下の考えていることがわからない」という状況が構造化し、その改善のために1on1への注目が高まったのだと考えられます。

ところが、1on1の手法や目的をきちんと理解しないまま、1on1を実施しているリーダーや組織が多く、「効果を実感できない」「忙しさが増しただけ」という声が聞かれるようになりました。その結果、1on1は形骸化してしまったのでしょう。

10人の部下を一人のリーダーで対応するのは無理があります。では、どうすればいいのか。その解決方法のひとつは、チームの中に右腕を持つことです。トップダウン型組織であれば、右腕は年齢で決まるかもしれません。また、右腕を持ってもリーダーの忙しさは解消されない可能性は高いでしょう。

一方、ネットワーク型組織では部下が10人いるなら、全員を右腕とすることができます。何でも任せられる右腕はいなくても、それぞれの持論を活かした役割を少しずつ担当してもらうのです。これはチームの連携そのものであり、連携によりメンバーの成長を促す効果も期待できます。

右腕を育成するための3ステップ

リーダーと連携できる右腕は、探せば見つかる、任せれば育つものではありません。ここでもリーダーには対話力が求められます。リーダーがメンバーの自発的な協力を得るためには次の3つが重要です。

①夢を語る

メンバーが「このチームの役に立ちたい」と自発的に思う理由は、リーダーの夢への共感です。間違っても、リーダーの過去の武勇伝ではありません。

「この仕事に関わった人が何歳になっても、『やってよかった』と思っていて欲しい」「私としてはこのチームがお客様からとても感謝される将来像があって、だからこそ、この課題にみんなと一緒に取り組みたい」など、リーダーが夢を語ることでメンバーの感情が動けば、それが動機づけとなります。これは右腕育成だけでなく、チームが動き出す出発点にもなります。

②ニーズをもらう

夢を語り、メンバーと共有すると、そこに向かううえでの課題がわかり、何をすべきかが見えてきます。すると、メンバーから「実は……」と個人やチームとしてのニーズが出てきます。それは、目的の達成に必要な持論の提供もあれば、道筋の空きを埋める提案かもしれません。課題の解決に必要なニーズをもらい、必要なら部下の持論を借りる視点で右腕を探すことができます。

③小さな約束を重ねる

これは右腕育成で一番の肝です。右腕となってもらう依頼をしたら、振り返りと感謝で応えることを忘れてはいけません。具体的にどう助かったのか、メンバーは何ができるようになったのか。そうした振り返りを重ねることで、人材が自然と育つようになります。こうした右腕育成のための対話は、それ自体が人材開発フェーズの取り組みとして有効です。

右腕育成の失敗例としては、一方的に立場と役割を振り分けることが挙げられます。「なぜ自分が?」「それはリーダーの仕事では?」と、メンバーが納得感のないまま押しつけられたと感じてしまうと、「無関心タイプ」へ追い込みかねません。

目標を見失った状態になっていないか

実は、私たちが行ったミドルマネジャークラスの研修で危機意識を持ったことがあります。「この会社は5年後どういうふうに喜ばれていますか?」「あなたはどういうマネジャーとして喜ばれていますか?」を考えてもらったのですが、答えがまったく出てこないのです。むしろ、若手のほうがしっかりと答えたりします。

なぜ、夢を語れないかというと、「とにかく思考」で仕事をし続けたため、「そもそも」を問うことに慣れていないからです。「そもそも」を問うことは高い負荷がかかりますが、高い負荷を避けて、楽なほうに逃げ続けた結果が、「とにかく目の前のことをやっていこう」という目標やありたい姿を見失った状態のリーダーです。

夢を語るためには、そもそも自分はどのような場面で仕事に楽しみを感じるのかという「快」に着目して言語化することから始めなければなりません。そして、会社のパーパスやビジョンも「快」が出発点です。パーパスやビジョンは少々小難しく表現されているかもしれませんが、創業者が何を「快」と感じたのかを翻訳すれば、自分の感性と通ずる点を見出しやすくなります。そのための対話こそがパーパスの浸透なのです。

チームに目的とビジョンを伝える対話力を磨くうえで、過去の武勇伝を語るのではなく、未来の夢を語る機会を増やしていきましょう。

自律型チームを育てるために

科学的診断に囚われるとメンバーの持論を見誤る

企業研修で対話の重要性や、社員一人ひとりの持論と向き合うことの大切さをお伝えすると、「なるほど、確かにそうだ」と納得や共感の声が返ってきます。

一方、「〇〇診断」などのツールを積極的に活用して、機械的に社員の特性を理解しようとする会社もあります。ＡＩの進化により、ＡＩを使えばさまざまなことが正確に分析できると考える方は増えており、パーソナルブランディングにも役立つのではというご意見をいただくこともあります。

私たちは、そうした**データ偏重の「診断主義」に警鐘を鳴らしています。**なぜなら、データがすべてを正確に表しているわけではないからです。データは無関係なバイアスが働くことがあり、誤判断を起こす危険を多く見てきました。診断結果を重視するあまり、ろくに対話もせずに「〇〇さんはこうだ」と決めつけてしまうことは多くあります。

対話は、メンバーをコントロールするためのものではありません。メンバーもリーダーも一緒になって磨き合い、理解し、信頼し合える関係性をつくるためのものです。目指すのは、仕事の楽しさや喜びをごく普通に日常の中で話し合うことだと言ってもいいでしょう。

理解し合う前提もないまま、わかったふりで判断しても、それぞれの持論を見誤るだけです。納得が得られず、信頼も生まれず、「この会社でなくてもいい」とあきらめさせてしまうだけなのです。

チームの情熱の結節点になる

診断結果やデータなどの情報は、事細かに実態を浮き彫りにしているようでいて、実は現状の一部を明確にしているにすぎません。**その人が内面に何を抱え、これから先どうなっていきたいのかは、その人が言葉にするまで本人でさえ知り得ない**のです。その人ならどう向き合い、どうありたいと思うかは、他者との対話によって導き出せます。

「〇〇診断」の結果は情報ですが、人の内面という情熱は浮き彫りにできません。「〇〇診断」しかアプローチの方法を持ち得ない組織は、断片的な情報に頼りすぎて、部下たちの情熱を言語化したり、共感したりできずに、職場全体が孤独になっていきます。情熱は上司の思い出ではなく、上司の夢や部下の感情の中に共通点として見出しましょう。

そして、それを可能とするのは対話です。リーダーの役割はメンバー全員と対話し、チームの情熱の結節点となることだと言えます。

また、パーパスやビジョンについて対話することは、「頭ではわかっているけど行動しない」組織の変革にも有効です。パーパスやビジョンが上位概念だとしたら、日々の計画や行動は下位概念です。

上着のボタンを上から留めていくイメージをするといいでしょう。いきなり下から留めることはないはずです。途中から留めれば食い違ってしまうこともあります。確認しながら上から下へと整えていくことが重要です。その対話の中で合意できていないものを見つけることができます。

一般的にパーパスやビジョンなどの上のボタンは合意されています。しかし、職場としての戦略や判断基準で納得し合えていないことがあり、下のボタンである計画や行動が保留になるのです。その場合、計画や行動をなぜやらないのかという下のボタンの対話ではなく、ボタンのかけ違いが起きている戦略や判断基準について対話する必要があります。

そして、取り入れた結果がよければ、自分の影響が最上段にまでつながっていることを実感できます。すると、部下のエンゲージメントは、さらに向上するでしょう。

ビジネスパーソンの能力開発は、言われた通りに行動する「他律」から、自らを律しながら考えて行動する「自律」、そして、最上位の「自立」まで3つのステージがあります。**自律型チームとは、発展途上であるけれど、一定のガイドラインやバリューに沿って自らを軌道修正しながら動いていけるチーム**です。メンバーからは「私はこうしたいのですが、どうですか？」といった問いがどんどん出てきます。

リーダーは驚きと発見、情熱をかき立てられる日々を忙しいと感じるようになるでしょう。その可能性のすべての起点は対話です。

第3章

5万人のリーダーを変えた対話の型「きっかけ砂時計モデル」

自分の対話力を把握する

8つの質問に答えるだけで自分の対話力がわかる

この章では、対話力を向上させるための実践手法として、対話の型である「きっかけ砂時計モデル」を学んでいきます。その前に、自分の対話力の現状を把握してみましょう。図10の8つの質問に対し、相手にとって自分はどのように対話できているかを自己評価で採点してください。これは、**自分の苦手を可視化することが目的**です。良い悪いではなく、トレーニングが必要な領域を把握するためのものなので、正直に答えましょう。

●対話力の評価基準

評価基準は、「6：完璧」「5：まあまあできている」「4：どちらかと言えばできている」「3：どちらかと言えばできていない」「2：あまりできていない」「1：まったくできていない」

図 10　対話力の自己診断

対話力に関する質問		自己評価 ←不十分　十分→					
Q1	話し合いの中で相手の興味関心を聞き出せている	1	2	3	4	5	6
Q2	相手が「今、本当に解決したい話題」を相手自らの言葉で聞き出せている	1	2	3	4	5	6
Q3	過去の取り組みにおいて、相手が自身の成功体験を言葉にできている	1	2	3	4	5	6
Q4	過去の取り組みの中から、相手が再現性のある法則を言葉にできている	1	2	3	4	5	6
Q5	この後、実行するための相手にとって最も重要な一手を相手が自ら言葉にしている	1	2	3	4	5	6
Q6	この後、実行するにあたって、相手にとって足りないリソースを明確にし、相手が自ら周囲に巻き込む行動を言葉にしている	1	2	3	4	5	6
Q7	実行の期限を設定し、小さな目標を分割し、相手と合意することができている	1	2	3	4	5	6
Q8	目標ややり切るためにリスクとなることを洗い出し、あらかじめ回避策を講じることができている	1	2	3	4	5	6

です。

Q1は、時間内に十分に話せた実感があるなら「6」「5」、相手の興味関心までは聞けないのなら「2」「1」です。

Q2は、時間内に明らかにしたかった事柄を話し合えていたら「6」「5」、いつもあなたが仕切っていて返事を聞いているようなら「2」、相手が「ええ、まあ」しか答えないなら「1」です。

Q3は、相手が「こういうことをやったとき、これって大事だなと思った」など、感じたことを素直に言葉にしていたら「6」「5」、あなたが指摘やアドバイスをしていたなら「2」、あなたが昔話をしてしまっているようなら「1」です。

Q4は、相手が言葉にできているなら「6」「5」、あなたが指摘やアドバイスで言語化していたら「2」、「こうしなさい」と指示をしていたら「1」です。

Q5は、相手が「話していて思ったのですが、まずこれとこれを来月までに形にすると、全体がスムーズに進みますよね」など、今後の行動を発言できたなら「6」「5」、あなたが指摘やアドバイスをしていたら「2」「1」です。

Ｑ６は、相手が「この分野は○○さんが詳しいので相談してみようと思います」と、自身の「足りない」を補う方向性やアイデアが言えていたら「６」「５」、あなたが「○○をやってみてください」と促していたら「２」「１」です。

Ｑ７は、相手が大枠の進行や最終の期限だけでなく、過程としての来週・今月の目標を複数立てて整理ができていたら「６」「５」、あまりできていないなら「２」「１」です。

Ｑ８は、計画に安心せず、いくつかの想定や予想されるリスクに対しプランＢを用意して、そうした相談が相手自らできるなら「６」「５」、「とりあえずやってみます」の一本調子なら「２」「１」です。

●評価結果から見える４つの課題

Ｑ１とＱ２の質問に「３」「２」「１」が付いた場合は、**「ぎこちない」対話の傾向**があります。「質問をする／される側が明確に分かれていることで話題が深まらず、心理的安全性も乏しい」という判定です。対話の入口や場づくりが今ひとつで、相手との自発的な対話になっていないようです。

Ｑ３とＱ４の質問に「３」「２」「１」が付いた場合は、**「それじゃない」対話の傾向**があります。「テーマの照準がブレたり、深掘りができないため、重要性や納得感が乏しい」という判定です。話題や論点が絞り込めずにいるので、何のための時間だったのかわからない印象が残ります。

Q5とQ6の質問に「3」「2」「1」が付いた場合は、**「とりあえず」の対話の傾向**があります。「話の成り行きでとりあえず目標を立てており、再現性や実効性に乏しい」という判定です。とりあえず思いついたものは目標にするという、やるべきことが際限なく増える「言ったもの負け会議」になりやすいかもしれません。

Q7とQ8の質問に「3」「2」「1」が付いた場合は、**「いつも通り」の対話の傾向**があります。「行動計画がいつもの継続になりがちで、新規性や応用性が乏しい」という判定です。組織や自分の前例主義に収まり、話し合いからの発想や納得感のない目標に留まっています。

変わるべきは相手でなく自分自身

対話力と聞いて、「相手を変えるスキル」をイメージしたかもしれません。しかし、変わるべきはあなたのほうです。8つの質問でわかるのは、「変わるべき自分の現状」です。

自己評価に「3」「2」「1」があれば、あなたの現状には何らかの課題があります。逆に「6」「5」「4」が多いからといって、課題がないわけではありません。

あなたが向き合うのは「人」です。リーダーはメンバーとの対話において「業務上の課題の解決」を念頭に置きますが、**対話の本来の目的は「人と向き合う時間」であり、人にはそれぞれの感情があります。**

メンバーがあなたとの対話を「こんなふうに感じているのかもしれない」と振り返りながら、対話力を磨いていってください。

対話の型「きっかけ砂時計モデル」とは

部下を納得感のある目標に導く「きっかけ」のアプローチ

チームづくりのスタート段階に必要な対話の型が「きっかけ砂時計モデル」です。対話の前半は、リーダーとメンバーが「何を話し合うのか」をすり合わせ、関係性を構築しながらお互いに「焦点発見」をします。後半の「行動設計」では、リーダーとメンバーが未来の行動について対話を重ねることで、メンバーが納得感のある今後の計画を得ます。

対話の型がなぜ「砂時計」の形をしているのか。それは、**前半と後半の間で「今、本当に話したいこと」を絞り込む必要がある**からです。

前半でリーダーとメンバーが関係性を構築して焦点発見ができても、ただ、話しやすい場になってしまったら話題はあちこちに広がり収集がつかなくなり、その結果、「何のための時間だったのだろう？」となってしまいます。これを「寸胴型会議」と呼びます。

図 11　対話の型「きっかけ砂時計モデル」

対話のステップ	目的	質問・返答例
き：興味関心	現状の関心や課題を明らかにする	□この時間でどのようなことが明らかになるとよいですか？ □今、一番関心があることはどのようなことですか？ □うまくいっている状態とはどのようなイメージですか？
つ：積み上げ	過去の取り組みと成功の姿を明らかにする	□今までにどのようなことを試してきましたか？ □「成功」と言えるにはどのような条件がありますか？ □何もしないことによってどんなデメリットがありますか？
か：改善提案	最も重要な行動とそのリソースを明らかにする	□はじめの一歩として何を行いますか？ □行動するうえでどのようなリソースが必要ですか？ □そのリソースを得るために、どのような助けがいりますか？
け：懸念払拭	期限を握り、不安要素を取り除く	□挙げた行動はいつまでに終えていたいですか？ □行動するうえで最も懸念していることは何ですか？ □その懸念を解消するためにどのような助けがいりますか？
まとめ	判断を尊重し、勇気づける	□今回の対話から得られたものは何ですか？ □とてもよいご判断だと思います。実現に近づきますね。

前項で紹介した「対話力の自己診断」の8つの質問で見えてくる4つの課題（「ぎこちない」「それじゃない」「とりあえず」「いつも通り」）に対する改善の視点を「き：興味関心」「つ：積み上げ」「か：改善提案」「け：懸念払拭」で表したものが「きっかけ砂時計モデル」です。

前半の焦点発見では、メンバーの興味関心を引き出し、それに関する考えを積み上げていきます。そのままでは話題と考えがあふれていくだけなので、「今、本当に話したいこと」へと論点をギュッと絞り込みます。

リーダーとメンバーの双方で対話の目標が共有されることで、メンバーは深い考察、リーダーは深掘りの展開を意識でき、メンバーの納得感が深まります。「話を聞いてもらってよかった」と思えるのです。

これが日常化していくと、前半の焦点発見の前提となる関係性構築は日常会話でも行えるようになります。また、後半の行動設計も部下から改善提案が自然と出るようになり、短時間でも意義のある対話が可能になります。

対話の中で絞り込む意識を持つことが、対話力を磨くうえでとても重要であることを念頭に置いてください。

「きっかけ砂時計モデル」の対話ステップ

ステップ①「き：興味関心」

第1章で見た「1on1頼み期」の渦中にいるリーダーは、自分本位な質問や発言ばかりが多くなっていることに気づきません。けれども主役はメンバーであり、対話はメンバー自身の次の行動に合意することが目的です。対話の入口をつくるためにメンバーの興味関心の見える化からスタートしましょう。

「今日の1on1では何をクリアしたいですか？」と、ストレートに聞いても構いません。ただし、関係性構築が不十分なメンバーや話下手のメンバーには、よりソフトな会話から始めることを心がけてください。

意見や答えを求めるのではなく、「最近、仕事していて何か楽しいと感じたことあった？」「これって意外と重要だなと思うことはあった？」など、メンバーの感情を引き出す問いが効果的です。また、「最近、なぜかうまくいかないんですよね」と相談されても、「こうしなさい」とアドバイスをするのでなく、「あなたがイメージするうまくいったケースというのはどういうものかな？」と**メンバー自身が言葉にするための問いを常に意識してください。**

メンバーがリーダーとの対話で自分の感情やイメージを言葉にできるようになると、メンバー自身が自分の置かれている状況をしっかり把握することができます。その共有がリーダーとメンバーの信頼関係の構築につながり、文字通り対話の「きっかけ」となるのです。

ステップ②「つ：積み上げ」

これまで、メンバー一人ひとりの「自分らしさ」に目を向けることの大切さを見てきました。それはネットワーク型組織のチームを強くする「持論と持論の貸し借り」をできるようにするためにリーダーに必要な視点だからです。

「き：興味関心」で言葉にした「**楽しい**」や「**重要**」**の背景にある自分らしさを自覚するこ**

とで、メンバーだけの持論を浮き彫りにします。ここで心がけるのは、言葉のドッチボールではなく、キャッチボールです。

「過去の取り組みから何が重要だと言えるのかな？」「どうして今回はうまくいったと思う？」「これまでの経験から、どうすれば一番よかったのだろう？」など、リーダーがボールを投げることで、メンバーは深く考えてリーダーへボールを投げ返します。

ここで話し合っているのは結果への評価ではなく、「一番の肝となったプロセスは何だったのか」の確認であることを共有しながら、メンバーとリーダーが一緒に持論化を進めます。これが前半の話題をギュッと絞り込み、対話を砂時計型にしていくポイントとなる場面です。

ステップ③「か：改善提案」

ここからは行動設計です。メンバーの成長に向けて最も重要な変化は何か、そのための最初の一歩に何ができそうかをメンバー自ら言語化する段階に入ります。

「こんなことができそうだと思います」「それを実現するために○○が足りないので、△

△な支援があったら自分でも動けそうです」などと、メンバーのほうから自発的な改善提案が出たら理想です。しかし、そうした改善提案がなく、メンバーが困ってしまう場面のほうが多いでしょう。

対話が機能しているとき、メンバーはリーダーに対して「○○さんだったらどうしますか？」「△△があればいいのですが」など、自分から行動案を模索する言葉が出てきます。これはメンバーが行動案を自己決定するうえでとても重要なサインです。一方、リーダーから「××をやればいいよ」などとアドバイスをすると、「リーダーが言った案」になり、メンバーが自己決定した行動案ではなくなってしまいます。

チームの連携に前向きな提案ができるメンバーは、自律型チームの頼りになる存在へ成長していきます。リーダーにも学びの多い場面となるはずです。

ステップ④「け：懸念払拭」

メンバーは対話がうまくいくほど意欲を持つのと同時に、「できるかな？」と懸念も増えていきます。深く考えるようになり、リスクを予想できるようになるほど、「もしこうなったら、どうしよう」と心配も増えます。

リーダーはそうしたメンバーの懸念に対し、答えや解決策を提示するのではなく、「どういうふうにしたらうまくいくか」をイメージさせて、懸念点を払拭するための打ち手を一緒に考えます。それでも懸念が払拭できないなら、「か：改善提案」に戻ってプランBを立てさせてもいいでしょう。懸念に対してどんな準備をしておくべきかまで考えさせます。

ここまでを**メンバー自身が考えて言語化できるのなら、具体的な調整をリーダーが提案し、懸念払拭の力になる**ようにします。

対話の出口は、「まあ、とりあえず、それでやってみようか」で終えるのではなく、「目標に向けて目指すことが見えてきた。その案でやってみよう！」とメンバーに納得感を与え、背中を押してあげることが大切です。

「きっかけ砂時計モデル」のメリット

「きっかけ砂時計モデル」の実践効果

対話力を磨くために「対話の型」が有効であることは、ご理解いただけたでしょうか。ここで、私たちが実際に協力した企業の実践効果を紹介します。

この企業は大手製品メーカーで、製品開発には高い品質精度が求められています。「ミスがない」「正確に」「正しく」が文化で、その点においてはトップダウン型組織の強みが効果的に働く職場です。

しかし、時代の変化に伴い、製品開発にもスピードが求められるようになりました。従来のような会議のあり方や人材育成では、フレキシブルさが足りないと判断され、私たちは1on1研修を依頼されました。

まず、「今の1on1に対する問題意識は何ですか?」「コミュニケーション上での困りごとは何ですか?」とお聞きしました。

すると、一番多かった回答は「話したいことがない」でした。「1on1への自信度」は40%程度で、半分を下回っていたのです。そこで「きっかけ砂時計モデル」を実践していただくと、自信度は20%ほど向上しました。特に砂時計前半の伸びが大きく、著しく向上していたのです。

この企業の社員は、会議や1on1の場だから「話したいことがない」のではなく、そもそも職人気質の職場のため、社員間の対話やボトムアップの発言をする機会が少なかったのです。「きっかけ砂時計モデル」を活用した対話がその状況を改善する「きっかけ」となりました。

「きっかけ砂時計モデル」の5つのメリット

①短時間でも意義のある対話ができる

リーダーは忙しさのあまり、メンバーから「少しご相談があるのですが……」と言われても、「今は忙しいから、次の1on1のときにしよう」と断ってしまうことがあります。

その結果、メンバーは「少しの時間もとってくれないのか……」と信頼を失い、肝心の1on1も低調に終わってしまいます。そのため、メンバーの相談にはすぐに対応するのが賢明です。

「きっかけ砂時計モデル」を意識した対話では、**たとえ15分程度でも論点を明確にできるため、有意義な対話が可能です。** 15分程度なら、忙しい合間でも時間をとれるのではないでしょうか。

②メンバーの対話力を磨ける

リーダーだけでなくメンバーにも「きっかけ砂時計モデル」の意識を持たせることで、「前段の『き：興味関心』は事前に準備するか、どこかで課長に相談しておこう」「ここまでは自分の希望を先に伝えて、『か：改善提案』と『け：懸念払拭』について部長の力を借りよう」といった準備を心がけるようになります。すると、メンバー間でもより深い対話ができるようになり、強いチームづくりにつながっていきます。

③会議や1on1の質が上がる

スケジュールを確定することや、リモートのURLを共有することで会議の準備をした気になっていないでしょうか。1on1や会議の場にノープランで挑むのは無謀です。

対話は、その場だけで成立しているわけではありません。リーダーもメンバーも、事前に「きっかけ砂時計モデル」をイメージしながら、**「明日はこういう話ができたらいいな」と、議題をある程度想定したうえでストーリーを立てておくことが質の高い会議や1on1につながります。**

会議や1on1で合意した内容が想定通りであれば、「やっぱり、これをすればいいんだ」という自信に、想定と違っていたら、「なるほど、そういう考え方もあるのか」と深い気づきになります。

④「相手の感じ方」を前提にした対話ができる

「きっかけ砂時計モデル」は対話の型であるため、リーダーの思い込みや無自覚の「べき論」に縛られることなく、メンバーと向き合うことができます。

リーダーが向き合うのは「問題」ではなく「人」です。メンバーは感情の持ち主であり、リーダーの持つ答えや経験をメンバーに重ねても、メンバーの感情は動きません。むしろ、感情的な反発や納得感のなさを招きやすくなります。

メンバーと同じプレイヤー目線で「わかる、わかる」「だからこうすれば」ではなく、目の前にいるメンバーの感じ方や感情を理解し、それをメンバー自身が言葉にできる対話へ導くようにします。そのためには、距離感と客観性を維持できる「型」を用いることが有効なのです。

⑤感じ方を言語化することで心理的安全性が生まれる

リーダーとメンバーの対話には信頼関係が必要です。信頼関係は心理的安全性がなければ生まれません。メンバーが自分の感じ方を言語化し、同時にリーダーも「そうか。こういうトラブルがあって悔しいと思ったんだね」「このプロセスがうまくいったことがあったから、そんなに嬉しかったんだね」と言葉で理解を共有することが、チームで働くうえでの心理的安全性をつくります。

感じ方が言語化されること、それに基づいた対話をリーダーと重ねることで、メンバーは未来に向けた納得感のある行動がとれるようになります。

納得感の先に達成感を得るためには、リーダーが「こういう気持ちになるために（ならないようにするために）は、次は何をやっていこうか」と問いかけることで、メンバーは自分の感じ方＝「自分らしさ」からのネクストアクションを設計できるようになります。

「きっかけ砂時計モデル」の実践前にしておくこと

最初に自分の判断基準を伝える

「きっかけ砂時計モデル」をより有効に活用するためには、事前の準備も大切です。ここではわかりやすいシチュエーションとして、あなたが新しいチームのリーダーに着任したと仮定し、どのような準備を進めるといいかを解説します。

チームが始動するタイミングで最初にすることは、**自分の判断基準をメンバー全員に伝えること**です。具体的には次のような話をします。

「物事には良い面、悪い面がありますが、私はそのバランスを重視します。それが私の大切にしている価値基準です」

「挑戦したうえでのミスなら咎《とが》めません。けれども、嘘をついてミスをごまかしたり、挑戦しているメンバーの足を引っ張ったりするようなことは絶対にしないでください」

リーダーの判断基準がわからないと、「なぜ、あの案件ではあんなに怒ったんだろう」「どうしてイライラしているのだろう」と、メンバーは疑心暗鬼になってしまいます。「新しいリーダーはこういう人だ」と明確にすることで、メンバーから信頼を得やすくなります。

「WILL×SKILL×CHALLENGE一覧表」の作成

第2章で紹介した「WILL×SKILL×CHALLENGE一覧表」をメンバーと

一緒に作成します。全員でお互いを理解し、頼り・頼られる環境を整えることができると、チームワークの強化にも役立ちます。

「WILL×SKILL×CHALLENGE一覧表」の内容やメンバーの日頃の行動から、「そういえば、〇〇は得意だよね」と、メンバーに話せるようになると、「きっかけ砂時計モデル」の前半部分の効果はさらにアップするでしょう。

行動観察や情報が集まる仕組みをつくる

リーダー一人がメンバー全員の行動観察を続けることは不可能です。「リーダーの右腕」や各メンバーから「そういえば〇〇さん、最近、こういうふうに頑張っていますよ」と、自然と情報が集まる関係性の構築を心がけます。そのために、自分の右腕には「最近のメンバーの挑戦や苦労を吐露している声はどんな些細なことでも教えて」と、観点を付与して情報が集まるように伝達することをお勧めします。

一番確実な方法は、自分で行動観察したことをメモしておくことです。またはメンバーから集まってくるメンバーの行動や情報をメモしておく習慣を持つと、1on1のときに役立ちます。日報からだけではわからない、「楽しい」「しんどい」「疑問」「モヤモヤ」などを時系列で記録することで、「あの頃」と「現在」の変化を把握できるようになり、「そういえば」「最近は」など、話題のきっかけを話しやすくなります。

また、メンバーは、「このリーダーは自分の行動や考え、成長をきちんと見てくれている」ことがわかると、信頼感が増し、成長実感を得ることにもつながります。

右腕と各メンバーの2系統のパイプを持つことで相互理解が進み、リーダーがすべてを抱え込まなくても、状況の変化に応じた対話や連携が可能になっていきます。

持続可能な対話のPDCAサイクル

図12は、事前準備を踏まえた「きっかけ砂時計モデル」によって、リーダーとメンバーの対話が生み出され続ける姿をイメージ化したものです。

「PLAN」では、「WILL×SKILL×CHALLENGE一覧表」をつくり、メンバーの持論を見える化し、それぞれの自分らしさを理解し合います。

「DO」では、リーダーが日頃から部下の行動を観察して、メンバーに「見ているよ」を

図12　対話のPDCAサイクル

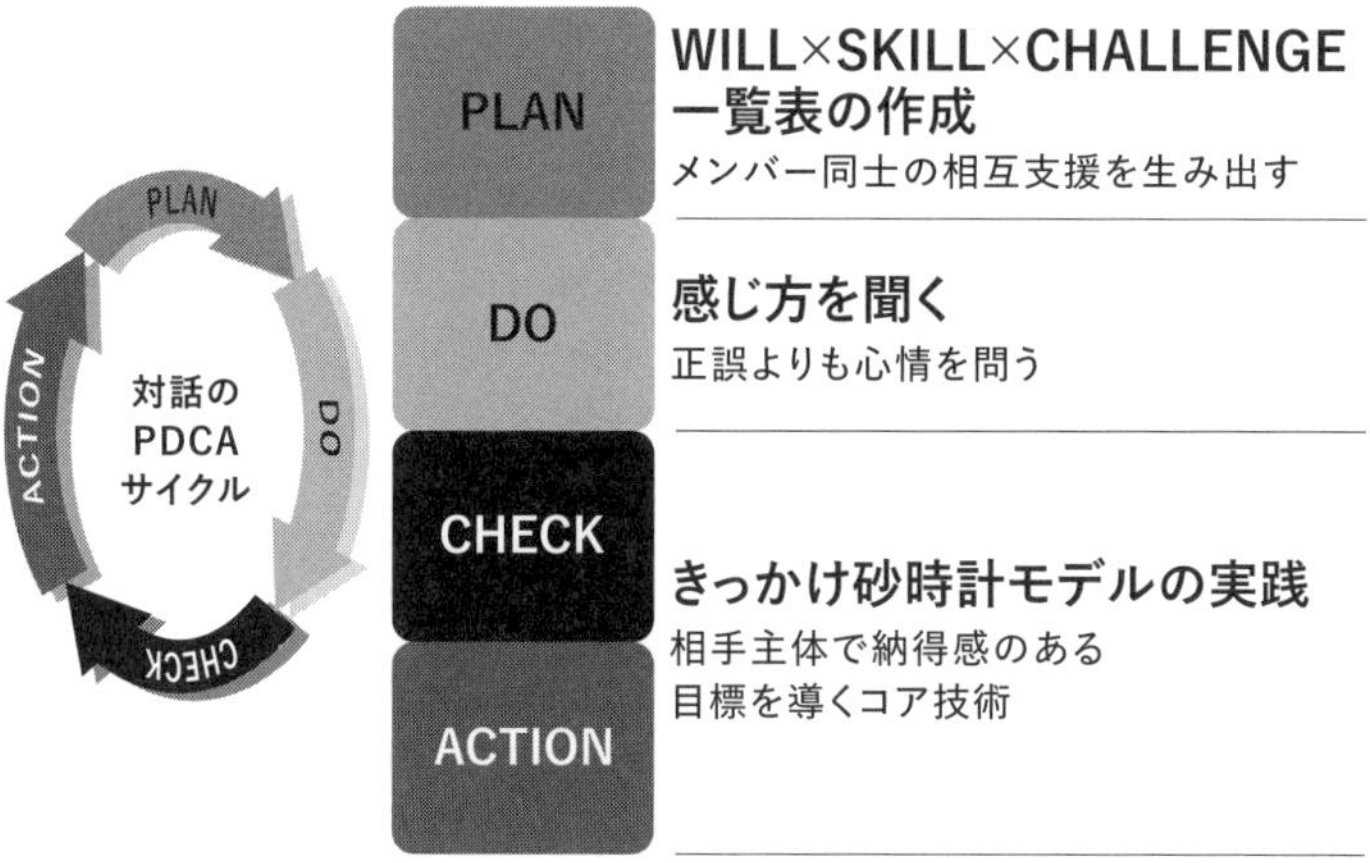

伝えます。リーダーとメンバーに「体験」「思考」の共通言語ができていると、深い対話が可能となります。

「ＣＨＥＣＫ」は、「きっかけ砂時計モデル」前半の焦点発見、「ＡＣＴＩＯＮ」は後半の行動計画の段階です。

４つのプロセスがＰＤＣＡサイクルとして機能すると、対話を重ねるごとにメンバーの持論が強化されます。チームの連携が効果を発揮し、共創関係が強まっていきます。

「きっかけ砂時計モデル」を単にノウハウと捉えてしまうと、「やっているだけ１ｏｎ１」と同じく形骸化を招きます。リーダーはメンバーとのコミュニケーションにおいて、ＰＤＣＡサイクルを意識しましょう。

対話ステップ別に見た実践ポイント

「き：興味関心」の実践ポイント

●ラポール形成を入口にする

ここからは「きっかけ砂時計モデル」を実践する際のポイントを解説していきます。

「き：興味関心」で重要になるのが「ラポール形成」です。「ラポール（rapport）」はフランス語で「架け橋」を意味する言葉で、**ラポール形成とは相手と自分との間に「心が通じ合う」「互いに信頼できる」「相手を受け入れる」などの状態を築くこと**を指します。つまり、上司と部下の信頼関係の構築が対話の入口に必要なのです。

ラポールには、「言語的ラポール」と「非言語的ラポール」があります。

【言語的なラポール】

・否定しない………△いや、そういうわけではないです
◎そういう見方もありますよね
・判定しない………△忙しいのは、よくないですよね
○忙しい事情があったのですね
・決めつけない……△もう少し頑張ってみてください
◎大変な状況だと思います
・共通点を探す……△最近は寒いですね
○寒さで体調を崩されていませんか

【非言語的なラポール】

・ミラーリング…………相手と同じ仕草を行うこと
・ペーシング……………相手の話す速さや間に合わせること
・キャリブレーション……目線や呼吸から心情を察すること
・バックトラッキング……相手と同じ言葉で返すこと

信頼関係ができているからといって、「あなたの現状を教えて」「何か課題はありますか？」など、いきなり業務報告を求めるような聞き方では、先に進めません。リーダーとメンバーが対話のニーズとゴールを共有するために興味関心を互いに示す必要があります。「最近はどうですか？」といった問いかけも「ええ、まあ」程度の返事しか望めません。人は「自由に話をしていい状況」では「何を話そう」と考えなければならず、ストレスを感じやすくなるからです。

また、リーダーからの問いかけに対しては、「リーダーが話して欲しいことを話そう」とする意識が働いてしまうため、リーダーの「気軽に話して欲しい」という意図とずれてしまいます。

そのため、「今日は何を話したらいいかな。何か話したいことはありますか？」から始めるといいでしょう。もしくはリーダーから「実は、今日は○○について話したいのだけど、△△な話題はどうだろう？」と提案してもいいでしょう。

1時間じっくり行う1on1では、少し狭めた問いから始めると、メンバーが話したいことを話し続けやすくなります。10分程度の短い1on1では、「き：興味関心」のステップを省略して、さらに話題を絞って「この間やってくれた○○の件だけど……」とテーマを提示してもいいでしょう。

1on1はメンバーのための時間であることが大前提なので、リーダー側の価値観や判断を前面に出さないように意識してください。

●メンバーが対話に求める「4つの期待」

対話はメンバーの話を聞くことだけが目的ではありません。一般的にメンバーが対話に期待することは、次の4つだとされています。

・話を聞いて欲しい
・一緒に考えて欲しい
・具体的な打ち手を探したい
・意見を聞きたい

特にリーダーとメンバーの信頼関係が積み重なり、対話がスムーズになると、「〇〇の経験について、もっとアドバイスをください」「〇〇のケースではどういうことをしたり、考えたりしましたか?」と質問されることが増えます。これは**自分の足りない部分を補う**

ため、チームで一緒に解決したいなど、「持論の貸し借り」を積極的に行える段階に成長したからです。

この段階であれば、信頼関係の構築や興味関心を引き出す時間をギュッと圧縮します。リーダーからの「今日は4つのうち、どの期待が一番大きい？」という問いかけでスタートすることも可能です。

「つ：積み上げ」の実践ポイント

●「いきなりアドバイス」「会話の横取り」はNG

「き：興味関心」で、ニーズとテーマが絞り込まれると、リーダーとしてはいろいろと伝えたくなる気持ちが湧くと思います。しかし、いきなりアドバイスをしてはいけません。

「つ：積み上げ」は、メンバーの話したいテーマに対しての持論を引き出し、言語化を一緒に行うステップです。**そのテーマに対してどうありたいのか、過去の似たような場面や経験から「再現性のある持論」を引き出していきます。**

「再現性のある持論」とは、これまで本人が見てきたプロセスや、その中でこだわってきた持論を今回どう活かしたいかという思いです。過去の取り組みと成功の姿を明らかにするために、その言語化をサポートするのがリーダーの役割です。

「これまでに、どのようなことを試してきましたか？」

「成功と言えるには、どのような条件がありますか？」

「何もしない場合には、どのようなデメリットがありますか？」

こうした問いに対するメンバーの発言に評価は不要です。メンバーの発言内容や口調もそのままコピーして、相手との共通言語をもらうことを意識してください。

ここで「それ、どういう意味？」「何でそう思うの？」と怪訝そうな表情や、「よくわからないなあ。私にわかるように話してくれる？」と否定的な返事をしてはいけません。「き：興味関心」までに築いた信頼関係が一気に崩壊してしまうからです。

もうひとつ注意が必要なのは、「会話の横取り」です。メンバーが自分の経験を振り返って話をしているのに、「わかる。私もこんな経験があって、そのときはこう乗り切ったよ」と自分の持論を語り出してしまうのはＮＧです。あくまで、主語はメンバーであることを忘れずに、聞く耳を持ち続けましょう。

●持論を引き出し、挑戦を促す

「再現性のある持論」を言語化するための過去の振り返りは、「経験学習」の考え方に基づいて行います。経験学習では、「経験→内省→持論化→挑戦→新たな経験」をくり返します。リーダーとの対話を通じて部下はこのサイクルを回し、過去の経験から持論を見出し、新たな挑戦と経験に対し、どうありたいかを言語化していきます。

・経験………どんな成果が、どのようなプロセスを経てできたのか？
・内省………その経験を振り返ってみて、どのプロセスでどんな心情だったのか？
・持論化……内省から、自分なりにどのような法則がありそうか？
・挑戦………その法則を活かして、どのような挑戦がしたいのか？

「つ：積み上げ」には、もうひとつ重要なポイントがあります。それは「持論の組み合わせ」です。**人が未経験の事柄に挑戦するとき、「あのときの持論と、別のあのときの持論を組み合わせたら、今回の挑戦に活かせるのでは？」という気づきがあると、「やってみよう」と自分を後押しする意欲が生まれます。**

自分の中の持論は、過去の中に点在しているので、すぐに引っ張り出すことは難しいものです。「そういえば、あのときにやっていた○○を今回活かせるのでは？」という他人の指摘でハッと気づくこともあります。

リーダーは、メンバーのこれまでの経験の積み上げの中にある持論を見つけることで、メンバーの挑戦を無理なく促すことができます。メンバー同士の知見の貸し借りだけでなく、メンバー個人の中の知見の組み合わせも調整することで、強いチームをつくることができるのです。

ここまでで、メンバーは自分のありたい姿を言語化し、焦点発見にたどり着けました。次に後半の行動設計へと進みます。

「か：改善提案」の実践ポイント

●リーダーとメンバーが相互に提案し合うフェーズ

「焦点発見」の段階を経て、メンバーの話したいことの論点がギュッと絞り込まれて「本当に話したいこと」が明らかになりました。ここからが「行動設計」の段階です。これから実践する行動を決めていきます。部下が考えている具体的な行動計画を聞いたうえで、どのような方法や解決策があるのかを話しながら検討していきましょう。

まず、「つ：積み上げ」から「か：改善提案」へと移行するフェーズでは、次のような問いかけをします。

リーダー「今回の話から最も重要と言えるのは○○ですね」

メンバー「自分で話していて気づきました。確かにそう思います」

リーダーは、メンバーの言葉から論点を絞り、要約しています。これがすごく重要な態度です。メンバーも自分の言葉ですから、「確かにそうだ」という納得感があります。

この合意のもと、これからの行動計画と必要なリソースを明らかにするために、リーダーはメンバーと一緒に考える道筋を共有します。

・はじめの一歩として、何を行うのか？
・行動するうえで、どのようなリソースが必要か？
・そのリソースを得るためには、どのような人や場が必要か？
・判断基準を揃えるために、どのようなことをしていきたいか？

改善提案の「提案」は、リーダーからの提案を含みます。**リーダーも必要に応じて、改**

善提案を伝えていくことが大切です。ただし、一方的に「こうしたほうがいい」という伝え方はNGです。メンバーが考えた行動によって「達成したいこと」を明確にしていきながら、「こういうやり方もありそうだ」を提示します。

たとえば、「ちょっと私も提案していいかな? たぶん、こういうのがあるといいと思うのだけど、どうかな?」といった感じです。前述したメンバーが対話に求める4つの期待のうち、「具体的な打ち手を探したい」「意見を聞きたい」に応えるものと言えるでしょう。

●2種類のフィードバック

提案には、アドバイスとフィードバックがあります。

アドバイスとフィードバックは似た意味の言葉ですが、アドバイスが「解決策を提示すること」であるのに対し、フィードバックは「評価」も含めた言葉として使われています。

次に説明するフィードバックは、対話を深め、部下が考える可能性や視野を広げるための提案のことを指します。フィードバックは、大きく分けて「行動強化」と「行動是正」の2種類があります。

行動是正のフィードバックは、これまでのやり方ではありたい姿には届かないため、行動や考え方を変えていこうという提案です。たとえば、次のようなことを伝えます。

「今のままだと、あなたが設定したゴールにはたどり着けない。思い切って方針を変えてみませんか？」

行動強化のフィードバックは、これまでのやり方の強化でいいとする提案です。たとえば、次のようなことを伝えます。

「今やっていることが今後もきっと活きると思う。だから、今の方針をもっと強めていったら、あなたがなりたいと思っているゴールにたどり着けるよ」

●メンバーの表情が変わる最大のヤマ場

「か：改善提案」では、未来の行動が具体化していくため、対話をしているメンバーの表情がパッと明るくなったり、目の輝きが変わったり、**心の変化が手に取るようにわかる瞬間があります。**そして、メンバーは自分の思いやアイデアをどんどん話し始めます。

自分でも気づかなかった知りたいニーズが明らかにされ、それに対して有益だと思える改善方針が明確になり、「したいこと」と「できそうなこと」が重なり出します。そのワクワク感が話す言葉からも伝わってきます。
リーダーとメンバーがお互いよい対話だったと思えるのは、この瞬間の納得感があればこそです。

「け：懸念払拭」の実践ポイント

●理想の出口の前にある不安や疑問を解消する

いよいよ最後のステップです。「け：懸念払拭」がうまくいくと、メンバーの発言は見違えるほど変わります。

自分から「これ、絶対できたらいいですよね」と、ありたい姿を実現したときのメリットに言及しながら、「でも、こうなったらまずいから、こういう手を先に打っておくべきですか」など、**メリットとリスクを同時に見据えながら、自分で何をすべきかを話せれば合格です。**メンバーにしっかりとした当事者意識があると、リーダーが「大丈夫」「本当に実現できたらすごくよい未来になるね」といった後押しをするだけで前へ踏み出せます。

図 13　不安の種類と払拭する方法

不安の種類	不安の内容	払拭する方法	問いかけの例
現状についての不安	「何がどうなっているかわからない」という不安	現状について具体化する	「知っていることで構いません。どんな状況ですか？　どんなことが懸念ですか？」
過去についての不安	「やっても効果がなかった」「うまくいかなかった」という不安	過去について具体化する。もう一度、持論について聞くのも大事	「効果がなかったのはどこに問題の本質があったと思いますか？」
未来についての不安	「どうせまた同じことになる」という不安	未来について具体化する	「同じこととはどういうことをイメージしていますか？　どんなことが懸念されますか？」
重要性についての不安	「何で私がやらなければいけないのか？」という不安	本気度を確認する。この不安をないがしろにすると、「別に私じゃなくてもいい」となってしまうので、メンバーがその仕事をする意味をしっかりとすり合わせる	「あなたがこのタスクをやる意味は何ですか？」
必要性についての不安	「今じゃない気がする」という不安	他に優先度の高い業務がある可能性がある。抱えている業務の全体像を確認する	「いつまでにこのタスクを終えたいですか？」

この理想の出口の手前にある最後の課題が「け：懸念払拭」です。メンバーの中にある不安に焦点を当てて払拭するための対話を見ていきます。

メンバーが抱く不安には、「自分にできるのか？」「本当にやる意味があるのか？」など、責任ややりがいに紐づくものが多くあります。相手が感じている不安を具体的に言語化してもらうことが、その払拭に有効です。事前の「つ：積み上げ」「か：改善提案」のステップで、メンバーの心情にあるリスクへの懸念を話題にしておくことで、このステップで不安感を話してもらいやすくなります。

不安には、図13に挙げた5つの種類があります。それぞれ払拭のための問いかけの例とあわせて把握してください。

対話をくり返し、一緒に解決を目指す

1回の対話ですべてが解決するわけではなく、日々くり返し、継続するからこそ意味があります。メンバーの成長も促せますし、より高いレベルに挑戦して困っているメンバーを見つけることもできるでしょう。1週間後、1か月後を目途に対話の機会を設け、「そういえばこの間の案件はどうだった？」と、確認するとよいでしょう。

メンバーは、「け：懸念払拭」まで行けば、自分が何を方針にしていて、いつまでに何をすればいいかが明確に言語化できています。リーダーもメンバーと同じ言葉で把握しているため、さらに対話を重ねると、「わかってくれている」「見てくれている」という信頼につながります。

最後にもうひとつ、「け：懸念払拭」のポイントをお伝えします。このステップまで来て、実は「つ：積み上げ」「か：改善提案」での対話が本音ではなかったということがあります。

「け：懸念払拭」の段階で、「それはやる意味あるのかな」「できたらいいですね」と、自分事になっていないフワッとした発言や、「いや、大丈夫です。もうリスクはまったくないですよ」と浅い発言が出たら危険なサインです。

「本気じゃない」と感じたら、1ステップずつ前に戻りながら再検証することを勧めます。「け：懸念払拭」は最終判断も含めたステップでもあるのです。

「あっさり1on1」と「こってり1on1」

2種類の1on1を使い分ける

「きっかけ砂時計モデル」を意識すれば、1on1は短い時間でも納得感を得ることが可能です。ただし、いつも短くていいわけではありません。目的に応じた時間の長短と中身の濃淡をリーダーがアレンジする必要があります。

私たちは、1時間じっくり行う濃い1on1を「こってり1on1」、手短でも頻度を増やせる1on1を「あっさり1on1」と呼んでいます。うまく使い分けられるようになると、1on1の効果をさらに高めることができます。

①こってり1on1

「こってり1on1」は節目のコントロールに欠かせません。**チームづくりの初期段階、その後は四半期ごと、少なくとも半年に一度は設定**できるとよいでしょう。

メンバーはどのようなキャリアを望んでいるのか。そのためのビジョンを持っているのか。成長意欲や成長実感を言葉にすることで、メンバー自身が自分の現在地を確認できます。そのうえで、中期・長期での成果目標（ＫＰＩの達成状況）と状態目標（チームや個人の成長実感）が明確になれば、リスクの予測や足りない点の自覚など事前課題を自ら語ることができるようになるでしょう。「きっかけ砂時計モデル」だからこそできる濃い対話の実践です。

②あっさり1on1

「こってり１ｏｎ１」で中期・長期での部下のありたい姿が言語化できていれば、その間の１ｏｎ１は、**週に一度、10分や5分のあっさりしたものでも十分**です。むしろ、これまで忙しいことを理由に避けていた１ｏｎ１がいつでもできるようになります。

ふとした機会に「そういえば、取りたいって言っていたあの資格は、今はどんな感じなの？」「最近は、どんなことがあって、何かやりがいや手応えはあった？」という対話から、部下が考えている達成意欲の満足度や、新たな持論などが確認できます。人材開発フェーズの経過観察にもなるでしょう。

「あっさり１ｏｎ１」は、第２章で紹介した「リーダーの右腕メンバー」に「〇〇さんの新しい取り組みについて、どんな持論が持てたのか聞いておいてくれませんか？」と任せることも可能です。

効果的な「あっさり１ｏｎ１」のタイミング

リーダーにとって「あっさり１ｏｎ１」は使い勝手がよいと感じたかもしれません。業務の進展状況や、チェックの抜け漏れ確認など管理面での活用が期待できます。

しかし、使うタイミングを間違うと逆効果です。自分の業務に集中しているメンバーにいきなり、「今、ちょっと１ｏｎ１をしましょう」と声をかけたら不満と反発のもとになりかねません。「あっさり１ｏｎ１」では、実施日時をキッチリと決める必要はありませんが、タイミングには配慮しましょう。

制度として朝礼があるのなら、その時間をリーダーが全部使わずに、メンバーの発言機会の場にしてもいいでしょう。今の業務、忙しさの度合い、発見や楽しさなど、チーム内だからできる持論の共有や感情の伝達の場となれば、チームの連携が強まります。

また、業務上の報告・連絡・相談（報連相）のタイミングで「そういえば……」と話題を振るのであれば、５分、10分の対話もスムーズに成り立ちます。

こうした機会が積み重なることで、「こういう話をしてもいいのか」「こういう話題も興味を持たれるのか」が部下にもわかってくると発言の数も自然と増えていきます。

結果として部下から「最近、これが楽しかった」「あの件、興味あるんですよ」といったニーズが自然と出てくるようになれば、リーダーの忙しさはかなり緩和されていきます。

「感情のキャッチアップ」でモヤモヤをリセットする

「あっさり1on1」には、メンバーの日々のモヤモヤした感情を、時間を置かずにキャッチアップできるというメリットがあります。

私たちが、さまざまな企業を見てきて気づいたのは、経営層の期待とは真逆の若い社員たちの疲れた姿でした。それは、対話のない環境で成長意欲が早々に薄れ、成長実感が得られないまま、不満とも不安とも言えないモヤモヤを抱え込んだ姿です。

もちろん、仕事に悩みはつきものですし、たいていの事柄は自己解決の範疇でしょう。リーダーが一方的に改善・解決の手をアドバイスすることはむしろ逆効果です。どんなにそのアドバイスが正しくても、メンバーが自分のモヤモヤを言語化し、自ら行動を起こさないことには「言われたからやった」という他人事であり、成長の糧にもなりません。

感情のキャッチアップは、メンバーの態度から違和感を持ったときなどに有効です。たとえば、同席した商談のあとに行います。

リーダー「さっきの商談で何か気になることでもあったの？」

メンバー「自分のやりとりの仕方でちょっとモヤモヤしちゃって」

メンバーはまだ感情が揺らいでいる段階ですが、ここでリーダーが次のように先走ってしまうことは多いと思います。

リーダー「さっき、途中から先方とのやりとりが低調になった、あれでしょう。わかる、わかる。あのときの流れでは○○な感じで盛り上げればいいんだよ。気にしない」

メンバーが自分の感情を言語化できない状況で、リーダーが勝手に価値判断し、しかもメンバーの感情に意味がないかのようなアドバイスをしてしまいました。メンバーにすれば、納得感はないでしょう。むしろ、新たなモヤモヤを増やすだけです。

メンバーのモヤモヤに気づいたときは、「き：興味関心」「つ：積み上げ」で、今の感情は「抱え込まなくていい」ことを伝えてあげるようにします。

リーダー「そうか。あなたが中盤あたりからちょっと静かになったことは気づいたんだけど、そういうふうに感じていたんだね。なるほど、あなたは本当だったら、もっと活発に先方から質問があって、それに答えるような商談にしたかったっていうことかな？」

ほぼ、**メンバーの言っていることをなぞる声かけですが、それで構いません。**その枠を出る解説は不要です。メンバーの感情が発生した背景を客観的かつ具体的に再認識させることで、部下がモヤモヤと向き合うための解像度を上げるように心がけてください。

あとはメンバーが自分でモヤモヤの言語化をし、自己解決できればそれで十分ですし、できなければ、「実は……」と相談に来るかもしれません。何もなければ、リーダーから「そういえば、先日の商談のモヤモヤはどうなった？」と確認してみてください。「解決済みです。なぜなら……」と新たな持論が聞けるかもしれませんし、「実は、よく考えたのですが、私にもう少し導入事例の知識があれば、先方に適した話題提供ができたのかな……」と今の自分に足りないことへの気づきを話してくれることもあるでしょう。

対話を深めるための傾聴スキル

相手に納得感・信頼感を与える

傾聴とは、相手の立場に立って話を聴く姿勢のことで、共感・理解を前提とし、否定やネガティブな評価を加えず、相手の話に関心を持って耳を傾けます。

しかし、「否定せず相手の話を聴く」とだけ理解すると、「うんうん」「わかる」「そうだね」とあいづちを打ちながら、ただ聞いているだけになりかねません。

私たちが行う研修では、「きっかけ砂時計モデル」の実践の前に、基本的なコミュニケーションスキルのひとつとして傾聴スキルを学んでもらいます。その際、傾聴とは「相手の話を聴き、自分の言葉で要約すること」と説明しています。

図14に、相手の話を聞く行為を3つに分けて定義しました。このうち、**対話力の向上につながる傾聴スキルは「心で聴く（要約のスキル）」**です。

図14 「耳で聞く」「口で訊く」「心で聴く」の違い

種類	目的	場面	特徴
耳で聞く（記録のスキル）	相手が話したことを間違いなく聞き留める・記録する	電話対応、議事録作成	最低限の期待水準であり、エラーがあった場合は信頼を損ねる
口で訊く（確認のスキル）	相手が話したことと自分の解釈にズレがないかを明らかにする	依頼事項の処理、オペレーションの遂行	相談した人の依頼が確実に行われ、信頼度が上がる
心で聴く（要約のスキル）	相手の目的や本音を遂行し、よりよい解決に向けて合意を形成する	前例のない企画、クリエーション	相談したい人が気づいていない本音や課題が整理され、大きな価値になる

「心で聴く（要約のスキル）」には3つの段階があります。「事実の要約」→「心情の要約」→「目的の要約」です。この3つを使いこなした聴く姿勢が相手に伝わると、「わかってくれた」と納得感・信頼感を与えることができます。

特に「目的の要約」までできるようになると、相手は「これがしたいんだ」「だから今、こういう気持ちなんだ」と理解でき、信頼関係の構築へと向かいます。

本当の目的は本人も気づいていない

図15は、海に浮かぶ氷山です。海面上に

図15　本人が気づいていること、いないこと

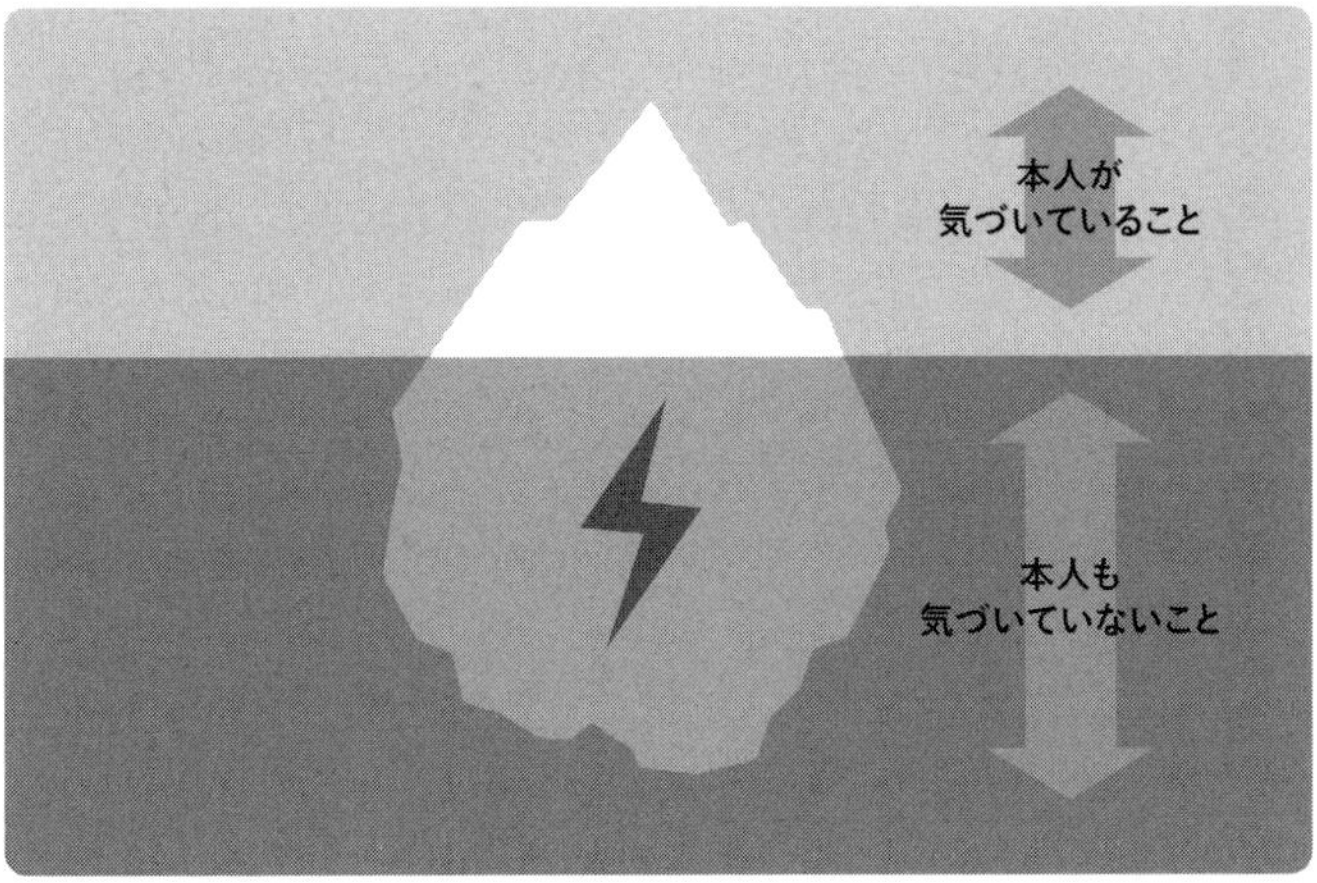

見える一部分が「本人が気づいていること」で、海面下にあって見えない大部分が「本人も気づいていないこと」です。対話の相手が持っている「目的（ニーズ）＝そもそも何をしたいのか」は、海面下に隠れていて見えません。

この隠れている目的を明らかにするには、メンバーの話した内容をリーダーが要約し、「あなたが言ったことは、つまりこういうことで合っていますか」と確認する必要があります。この要約と確認のキャッチボールを通して深掘りしていくことで、メンバーは「そうだ。これが私の悩みだった」と、だんだん気づいていきます。

ただし、「心で聴く（要約のスキル）」では

ズレが生じます。「つまり、こういうことがしたいんですね」と自信を持って要約しても、相手から「うーん、そういうわけじゃない」と返されることはよくあることです。そのため、ズレたことを恥ずかしいとか失礼なことだと思わないでください。**ズレが明らかになっただけでも対話の意味があった**のです。そのときは、「そういうふうに考えるんだね。教えてくれてありがとう」と言いましょう。

相手の話を聞くうえで、一番怖いのは「わかったふり」です。聞く側のズレを相手に押しつけてしまうことで信頼関係が崩れてしまうことがあります。また、事実の要約だけで終わってしまうと、とてもドライでビジネスライクな印象を与えてしまうので、注意しましょう。

傾聴は一定のトレーニングが必要になりますが、互いに相手のボールを体の中心に向かって投げ、中心でしっかり受け止められるようになると、本人も気づいていない「心情の理解」ができるようになります。

傾聴スキルは対話の前提として身につけておく

相手も気づいていない「心情の理解」の例として、クレーム対応があります。クレームは事実の正否が問われているのではありません。多くの場合、「こういう気持ちになった私の心情がわかっていますか?」と問われているのです。適切な対応は「こういうお気持ちになるのはごもっともです。私も同じ立場だったら同じように思います」です。

本人も気づいていない心情を言葉にして、温かみを持って「あなたの気持ちはわかっている」のサインを送れるかどうかが傾聴のポイントです。

これを「きっかけ砂時計モデル」に当てはめてみましょう。要約と確認のキャッチボールを重ね、ある程度の合意が得られると、相手も「わかってくれている」と安心して話してくれる関係が生まれます。

そうした信頼関係が醸成されたあとであれば、「きっかけ砂時計モデル」の「行動設計」の場面で、リーダーがメンバーに「ちょっといいかな。ここまで聞いて思ったのだけど、たぶん、そもそものゴールが違うと思うよ」と対極の案を出しても大丈夫です。

信頼関係がないまま後半の「行動設計」に入ると、「リーダーに批判された」「上から潰された」と思われてしまうこともあります。前半の「焦点発見」の段階で信頼関係を醸成しておくことが大切で、そのためには傾聴スキルを身につけておくとよいでしょう。

対話を習慣化してチームを強化する

対話のあとはリーダーが率先して小さな約束を守る

どんなに対話がうまくいったと思っても、その後に何もしなければ効果は持続しません。大切なのは「小さな約束」の実践です。「きっかけ砂時計モデル」の後半、行動設計の段階では、リーダーとメンバーがいろいろな方針について話し合いました。その過程で、リーダーは「それは私のほうでも調べようか」「じゃあ、それは私から声をかけておくね」と小さな約束をしたはずです。その約束を確実に実行していきましょう。

リーダーが小さい約束を守れば、メンバーは「自分も決めたことをきちんと実行しないと……」と気を引き締め直すいい刺激になります。**メンバーに決めたことを守って欲しいのなら、まずはリーダーがその姿勢を見せる**ことが大切です。

メンバーの進捗状況を知りたいときは、聞き方に注意が必要です。「この間の件、報告がないけど」という聞き方は、管理する人から管理される人への確認です。対話で合意した内容を話題にして、「そういえば、この間の件って、今の進め方で大丈夫かな?」と相談しながら聞くとよいでしょう。確認や相談のような問いかけなので、管理されている印象は受けません。これも、リーダーに必要な対話力です。

リーダーが何もせず、小さな約束を破ってしまうと、メンバーからは「もう二度と相談しない」「やっても無駄」と結論付けられてしまいます。

そうなってしまったら大変です。もう一度、対話で信頼を取り戻すには膨大な時間と労力がかかります。「やりっ放し」は、マイナス効果を生むことを胸に刻んでおいてください。

「あきらめの壁」はチーム全員で乗り越える

心理学者のブルース・W・タックマンが1960年代に提唱した「タックマンモデル」では、チームの成長プロセスを「形成期→混乱期→統一期→機能期→散会期」の5段階で示しています。図16は、この5段階のうち、形成期から機能期までの4段階を第1章で見た「あきらめの壁」に重ね合わせたものです。

図16　チームの成長プロセス

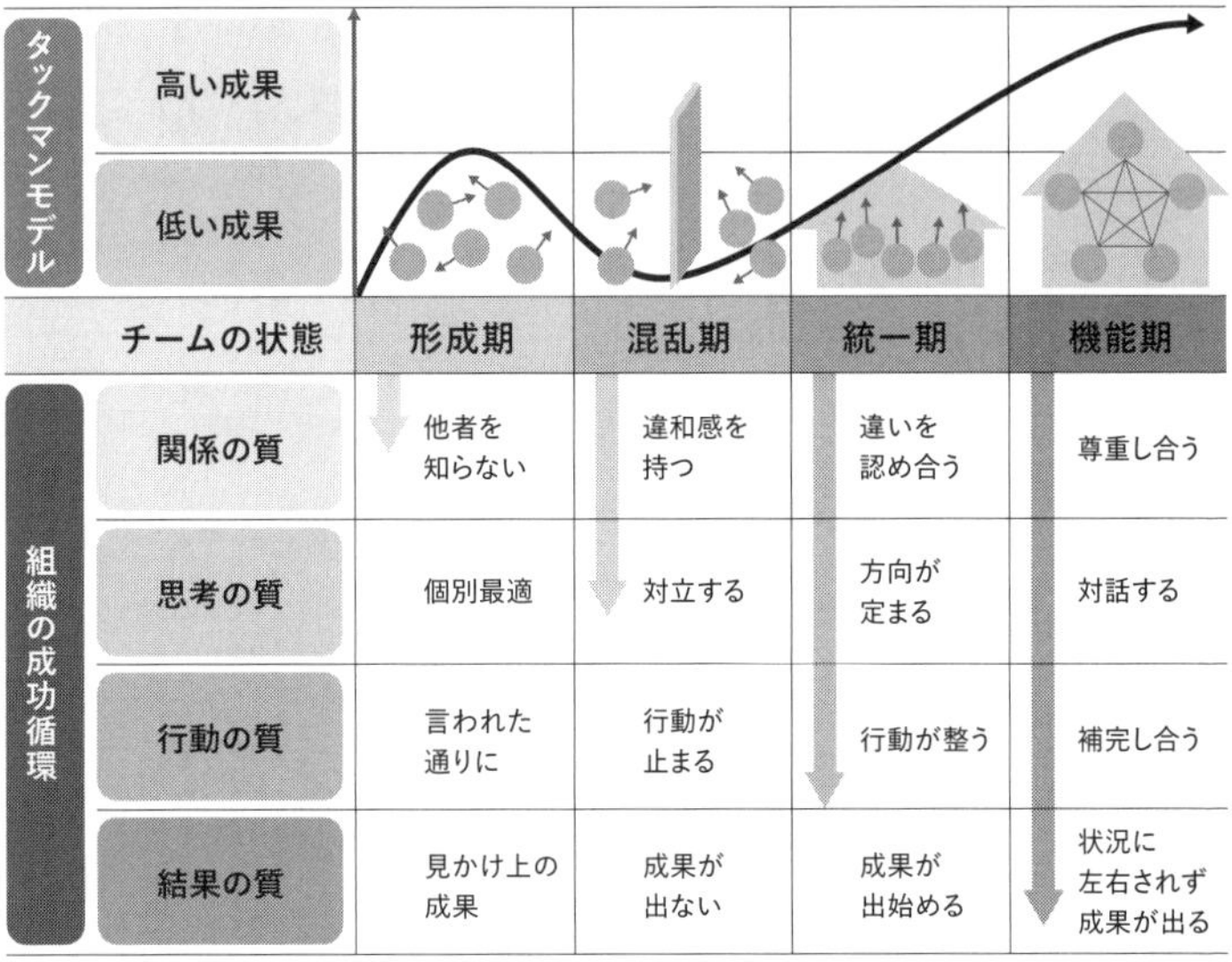

タックマンモデルでは、チームの成長には必ずパフォーマンスが下がる混乱期があるとしています。この混乱期が「あきらめの壁」です。

最初の「形成期」には、各メンバーが遠慮と相互不理解によって対話がうまくいかない、話をしてもらえないなどが起こります。思考も個別最適になりがちで、メンバーは指示されたことを言われた通りにやるだけで、見かけ上の成果しか出ません。

やがて、その状況が続くと、「混乱期」を迎えます。各メンバーはチームに違和感を抱いているため、対立して不満や不安の声が出て、行動も止まり、成果が出なくなります。

ここで重要なのが対話です。対話により、各メンバーに違いを認め合う関係性ができると、「統一期」に移行します。チームとしての方向が定まり、行動が整い成果が出始めます。

さらに、対話を重ね、メンバー同士が尊重し合うまで関係性ができてくると強いチームの完成です。誰かの足りないスキルを他のメンバーで補完できるようになり、そのときの状況に左右されることなく、成果が出るようになります。

つまり、「混乱期」を少しでも早く脱して、「統一期」「機能期」に移行することが強いチームづくりにつながります。リーダーは自らの対話力を磨き、メンバーと対話を重ねることでメンバーの対話力も磨きます。その結果、チーム全員が自律的なリーダーシップを発揮できるようになるのです。

あらゆる場面で対話を習慣化する

対話は、日々あらゆる場面に存在する基本的なコミュニケーションです。そのため、1

ｏｎ１や会議の場だけで行う特別なものと捉えずに、常日頃から習慣化していただきたいと願っています。

たとえば、報連相の場面でも、単なる業務連絡で終わらせるのではなく、少しの時間だけでも対話を実践してみましょう。

「この仕事をやってみて、今どう感じている？」「今のこの仕事の進め方とか、やり方に対して、何か気になっていることはない？」といった問いかけが未来に変化をもたらす「きっかけ」になります。

ちょっとした時間をつくり、リーダーとメンバー間で対話を積み重ねていく日常が当たり前になると、職場やチームの雰囲気が変わり、「このチームでやっていこう」「私たちならできる」「この会社でよかった」という実感を持った働き方が持続していきます。

対話とは、相手と自分の中にある執着に気づき、よりよい行動を生み出す手段です。そして、それは公私を問わず、人と人とのコミュニケーションの根幹にあるべきものだと私たちは考えています。

第4章

ビジネスシーン別のクイズと事例でわかる対話力の磨き方

クイズと事例で対話力を磨く

本章では、朝礼、１ｏｎ１、会議、雑談など、12のビジネスシーンごとに、これまでの説明と学びの振り返りを兼ねた対話クイズを出題します。クイズなので「正解」はありますが、「不正解」の中にも学びがあります。解説を読みながら、対話力を磨いてください。

また、クイズのあとに理想の対話事例（シミュレーション）も掲載しているので、ぜひ参考にしてください。

事例では、チームリーダーと６人のメンバーが登場します。年齢も役職も異なるメンバーとの対話に最適なアプローチを学びます。

登場人物紹介

チームリーダー

田中課長（45歳男性）

まだまだプレイヤーとしても成長したいと考えている現場主義。各メンバーの対応に苦慮して勉強中

同年代の部下
佐藤課長代理（40歳女性）

田中課長の右腕的存在の「できる部下」。若いときは個人商店的に活躍。チームでの役割を模索中

年上部下
鈴木主任（55歳男性）

自分の年齢は気にせず、リスキングにも意欲的。熱意が勝って舌禍を招くことがある

中堅社員
山田主任（33歳女性）

仕事はできるが、何か停滞が生じると悩んでしまう。たくさんの持論を持つが持て余し気味

若手社員
松本主任（25歳男性）

入社数年が経ち、伸び盛りの人材。任せてもらう仕事が増え、やる気と不安が混在中

新人
吉田係員（22歳男性）

「できる先輩」の中で、持論のなさゆえの不安を抱える。発言しやすいチームの中で成長中

scene 01

毎週月曜日に行う朝礼

対話クイズ

問題

月曜日の朝礼で、田中課長は今週の方針を伝えようとしています。先週は予想外の問題が発生したため、チームの雰囲気がやや緊張しています。メンバーは静かに田中課長の言葉を待っています。メンバーのモチベーションを上げる適切な問いかけは、次のＡ～Ｄのうち、どれでしょうか？

選択肢

Ａ　先週の問題を踏まえ、今週はより一層の努力が必要です。各自の目標を20％引き上げましょう。

Ｂ　先週は大変でしたね。先週の仕事で一番の気づきとは、どんなものがありますか。

Ｃ　先週の反省を活かし、今週の具体的な行動計画を私から提示します。皆さん、しっかりメモを取ってください。

D　今週の目標達成に向けて、各自が考える具体的な行動案を1人1分以内で発表してください。

解説

多くの組織で朝礼が形骸化し、「参加したくない」と思っている社員も多いようです。その理由は、単なる伝達の場や注意事項の確認の場なら、わざわざ対面で行う必要性を感じないからです。朝礼後に気分が重くなり、ポジティブになれないなら、マイナスでしかありません。朝礼に集まるのが「決まり」なら、メンバー同士が対話をして気分をやわらげる、チームで前向きになれる場にできるとよいでしょう。各選択肢の具体的な解説は次の通りです。

【A】

○各自の目標を20%引き上げ……一方的に目標を引き上げることで、メンバーにとっては「他者決定」の目標となり、納得感のなさやプレッシャーを与える可能性があります。

○一層の努力が必要……メンバーの意見や状況を考慮せずに決定しているため、モチベーション低下のリスクがあります。

【B】

〇一番の気づき……事実や原因の正否よりも、感情を聞くことによって、納得感のある行動設計に至ります。また、問いかけに良い悪いを使わないことで、メンバーのフラットな印象を知ることができます。

【C】

〇行動計画を私から提示……トップダウンの一方的なアプローチで、メンバーの参画意識を低下させる可能性があります。

【D】

〇行動案を1人1分以内で……全員が発言をすることで自律性が醸成されたと勘違いしやすいのですが、こうした手法は「他律」です。リーダーから事前に発表してもらうことを予告していれば別ですが、メンバーにとって唐突な発表は納得感のない言質を取られるだけで、職場の士気を下げる可能性があります。

正解 B

「興味関心」のステップです。朝礼ではこれからの計画を話すことは大切ですが、問いかけや隣の人との意見交換でも構わないので、小さな振り返りを入れると効果的です。

Bの問いかけから始めることで、まずは先週の出来事について自分の言葉で気づきを得ることができます。そのうえで、リーダーがチームとしての原因と対策を伝え、「今週＝これから」の方針を伝えると、方針への理解と共感を得やすくなります。

対話シミュレーション

朝礼における理想の対話事例を紹介します。

田中課長　皆さん、おはようございます。先週もお疲れ様でした。全体としてよい成果を上げてくれてありがとう。今週は新たな挑戦として、新規顧客の開拓に力を入れたいと思います。この挑戦を通じて、私たちの市場シェアを拡大し、会社全体の成長に貢献できれば、私たちのキャリアの資産にもなります。**新規開拓に向けて、皆さんが一番関心を持っていることを3分くらいで対話できればと思うのですが、教えてもらってもいいですか？**

佐藤課長代理　そうですね。今の顧客対応に加えて新規開拓を進めるとなると、ちょっと時間的なリソースが心配ですね。

田中課長　なるほど、確かに限られた時間の中でやるべきことが増えるのは

オープンな問いで、メンバーの発言を引き出します。「関心」という言葉で、幅広いテーマでの発言が可能になります。

心配ですね。**リソースの確保は考えていく必要がありますね。**

松本主任　以前、クライアントのニーズに合わせた提案が成功したことがありました。そこではマーケティング部に図表の作成を手伝ってもらいました。

田中課長　それはリソース確保の好事例ですね。**他にはどんなリソースやサポートがあるといいと思いますか?**

山田主任　新しいプレゼンテーション資料や提案書のテンプレートがあると助かります。すべての資料をイチからつくるのはとても不可能だと思います。

田中課長　確かにテンプレートがあると役立ちますね。では、ここまでの話をまとめると、リソースの確保が大切だという方向性がありました。その具体例は2つあって、ひとつは他部署に協力を仰ぐ、もうひとつはテンプレートをつくる。それ以外の案や話題を進めて、「うちのチームは具体的にこれをやるべきだ」という意見を教えてもらえますか。

佐藤課長代理　テンプレートをつくることについて提案なのですが、クライ

メンバーの心情を言葉にして話しやすい状況をつくります。

話題を絞って、メンバーの発言テーマを集中させています。

アントのニーズに合わせてカスタマイズできるように、ある程度のストーリーは固めつつ、柔軟な構成にするのがよいと思います。

松本主任　そうですね。それに加えて、成功事例や実績を強調する部分も必要かと。

田中課長　テンプレートの素案が見えてきましたね。やってみましょう。そして、**私からも提案ですが、トレーニングセッションとして、テンプレートから提案書をつくる方法を学び合う場を一度設けませんか。**そうすれば、時短で資料作成する手法を学べますよね。

松本主任　それはありがたいです。確かにテンプレートの活用について迷ったら、本末転倒ですからね。それでも時間的リソースの不足に困ったらどうしましょうか。

田中課長　また朝礼で相談しましょう。無駄を発見したり、やらないことを決めていきましょう。何かに挑戦するときは不具合や違和感が大きくなりやすいものです。遠慮せずに私や他のメンバーに共有して、一緒に解決策を考えましょう。いつでも声をかけてください。

メンバーの発言を引き出しておくと、リーダーからの提案も対話の材料になります。

scene
02

成果を上げている部下からの相談

対話クイズ

問題

部下が5分程度の短い相談に来ました。彼は抱えている重要案件で予想外の問題に直面していますが、ある程度は物事の原因や取るべき打ち手についてアイデアがあるようです。また、時間的制約がある中で解決策を見出す必要があります。この状況で、部下の問題解決能力を引き出し、最も効果的に支援するための問いかけは、次のA～Dのうち、どれでしょうか？

選択肢

A　この問題のどんなところに興味を持っていますか。3つほど挙げてください。

B　同様の問題を過去に解決した経験はありますか。そのときの対応を正確に詳しく教えてください。

C　あなたの持論で、最も重要な原因と効果的なアプローチはどのようにイメージしていますか。

D　時間がないようですね。私から解決策をいくつか提案しますので、それを実行してください。

解説

成果を上げている部下とは、持論を持ち、成果への貢献に向けて何をすべきかがわかっている人のことです。そうした部下からは、「私はこう思う」「私はこうしたい」という相談が多く、「短時間でも今すぐ上司と話がしたい」と意欲的です。その目的はイチから原因と対策を話し合うためではなく、ある程度自信がある仮説に対して最後の磨き込みや後押しを求めているからです。

持論を持つ部下にしてはいけないことは、ちゃぶ台返し（上司がわからないため、イチから議論をやり直す）や押しつけの指示です。逆に上司から「どんなシミュレーションになりそう？」「どう考えたの？」と聞くことで、改めて持論と向き合い、言語化が深まります。部下の中で、仮説はあっても確信が持てないための相談なので、仮想演習や潜在的なメリットとリスクを言語化することに協力してあげましょう。各選択肢の具体的な解説は次の通りです。

【A】

○興味を持っていますか……興味関心を聞くこともありますが、このケースの前提として時間的に制約があります。また、ある程度原因や打ち手について持論があるため、やや遠回りな質問になってしまいます。

【B】

○そのときの対応を正確に詳しく……過去の経験を振り返ることは有益です。ただし、問題文の前提によると、部下はある程度の原因分析や打ち手の仮説ができています。そのため、過去の積み上げを聞く度合いは軽めにして、本人が何をしたいのかという未来に向けた問いのほうが好ましいでしょう。

【C】

○あなたの持論で……部下の考えを重視していることを示し、部下の主体性と創造性を尊重しながら、自由な発想を促しています。

○重要な原因と効果的なアプローチ……原因分析とアプローチの両方を聞くことで、問題の全体像を把握できます。

○どのように……オープンな問いかけであり、部下の知識と経験を最大限に引き出せます。

【D】

○私から解決策を……上司が解決策を提示することで、部下の主体性や成長の機会を奪ってしまう可能性があります。

○それを実行して……できる部下の能力を活かしきれていません。また、トップダウンの解決策は、現場の詳細な状況を考慮できていないかもしれません。

正解 **C**

「改善提案」のステップです。短時間で本質を導き出すことができます。Cの問いかけで、部下の問題解決能力を最大限に引き出し、短時間で問題の本質を探り、効果的なアプローチを導き出すことができます。これにより、部下の成長を促しながら、具体的な方向性を定めることができます。

対話シミュレーション

部下からの短時間の相談における理想の対話事例を紹介します。この部下は組織への貢献度が高く、優秀であると評価されています。

佐藤課長代理　課長、少しお時間よろしいでしょうか？　今取り組んでいる案件についてご相談したいことがあります。

田中課長　もちろん。どうしましたか？

佐藤課長代理　例のプロジェクトの発注について、クライアントとの最終調整に入っていますが、予算面で少し難航しています。そこで、クライアントに何をお伝えしたらいいかを迷っていて、意見をうかがいたいです。

田中課長　なるほど。予算の調整は確かに難しいことがありますね。**佐藤さんの中で、今の時点でベストな伝達とは、どんなふうに考えていますか？**

佐藤課長代理　ベストなシナリオは提案で納得していただいた点をもう一度強調することです。クライアントは今回の提案内容に大変満足しています。ただ、予算の部分でだいぶ難色を示しています。

田中課長　なるほど。提案内容には満足しているけど、予算については先方が思っていたのと違うようですね。先方はどれくらいの想定でしたか？

佐藤課長代理　はい。先方は今期分の予算しか確保しておらず、われわれが

持論を持つ部下の求める答えは、本人の中にあります。本人の持論を言葉にしてもらいましょう。

提示したものの半分です。ただ、あと数か月で提案した通りの効果になることは難しく、来期分の予算とあわせて検討いただければ理想ですが……。

田中課長　そうですよね。ということは先方内の予算取りの問題なので、**①今期分の予算のみでできるプロジェクトとその想定効果、②来期分の予算と組み合わせてできるプロジェクトとその想定効果、この2つを比較して提示してご判断いただくのはどうでしょう？**

「こうしなさい」ではなく、「一緒に取り組む姿勢」を示します。できる部下の場合、「指導」「アドバイス」は不要です。

佐藤課長代理　それはありですね。言われてみたら、このプロジェクトは今期に完結することが目的ではなく、先方の課題を解決することですから。交渉のイメージが湧きました。

田中課長　素晴らしいですね。ちょうど、過去に似たような案件で成功した事例があるので、そのデータや資料はいりますか？　これを参考にして、さらに説得力を持たせられると思います。

佐藤課長代理　それは助かります。何かあればご相談させていただきます。

田中課長　わかりました。引き続き頑張ってください。何か問題があればすぐに相談してください。

scene 03

業務に問題のある部下からの相談

対話クイズ

問題

部下が、重要な案件の進捗報告を怠っていました。この部下は普段から報連相が苦手で、情報共有がうまくいっていません。あなたはその部下と状況を改善するための話し合いをしようとしています。この状況で、コミュニケーションの改善を促し、今後の行動変容につなげるために最も効果的な問いかけは、次のA~Dのうち、どれでしょうか?

選択肢

A　なぜ、適切に報告できなかったのか、理由を3つ挙げてください。

B　報連相の重要性について理解できていますか。改めて説明しましょうか。

C　今回報告ができなかったのは、何がそうさせたのか聞いてもいいですか。

D　毎日、業務終了時に必ず報告するようにしてください。例外は認めません。

解説

仕事をうまく回せていない部下の場合、まだ持論が固まっていません。ミスに対して「なぜ?」と聞くと、「わからない」という回答が返ってきます。「わからない」には「仕事の仕方がわからない」と「なぜ、そうなってしまったのかが思いつかない」の2つがありますが、仕事をうまく回せない部下は後者が多いようです。

そこで、いったん「他責」として「何がそうさせたか」を聞くと効果的です。部下は「今の自分ではどうすることもできない要因」を検証し認識できます。それを上司が教えるのではなく、本人の経験の中から改善アプローチの入口を見つけてあげることが、再現性のある持論につながっていきます。各選択肢の具体的な解説は次の通りです。

【A】

〇理由を3つ挙げて……3つの理由を挙げさせると、建設的な対話よりも言い訳に終始する恐れがあります。また、失敗の理由を問うことで、部下を追い詰める可能性があります。

【B】

〇理解していますか……部下を子ども扱いしているように受け取られる可能性がありま

す。

○改めて説明……一方的な説明では、部下の主体的な改善意欲を引き出せない恐れがあります。

【C】

○何がそうさせた……「なぜ」ではなく「何が」を問うことで、過去の行動に焦点を当て、事実から問題にアプローチしています。あえて広く原因を問うことで心理的な負荷を少なくし、本音を引き出しやすくしています。

○聞いてもいいですか……小さな許可を求めることで心理的な契約を結び、部下が安心して本音を語ることにつながります。

【D】

○毎日、業務終了時に必ず報告する……トップダウンで一方的に指示を出すことで、部下の主体性や創意工夫の余地を奪っています。そのため、根本的な問題解決にはつながらず、形式的な報告に終わる可能性があります。

○例外は認めません……望ましい行動を持続させるという点で、上司にとって都合のいいひと言です。原因の究明や気持ちの共感もないままに強制力のある言葉を投げることで、メンバーは萎縮し、主体性がなくなり、隠蔽や回避が増えます。組織として、働きがいとお互いへの信用が低下します。

正解 C

「積み上げ」のステップです。部下の自信を回復させることができます。

Cの問いかけを用いることで、部下の過去の取り組みの中から本質的な要因を見つけ、自発的な改善策を見出すことができます。これにより、部下を心理的に圧迫して嘘や隠蔽を招くことなく、実現可能で本質的な改善につながる可能性が高まります。また、この対話を通じて、上司と部下の信頼関係も強化できる可能性があります。

対話シミュレーション

部下からの相談における理想の対話事例を紹介します。この部下は、周囲に相談せずにトラブルを生んでしまうことがあります。

田中課長 吉田さん、キッカケ商事さんからのメールのことだけど、やりとりを見るに、難しい状況になっていないか心配しています。率直に何か困っていることはないですか？

吉田係員　はい。クライアントから「明日までに提案を出してくれ」と言われてしまって、**どう対応すればいいのかわからなくなっています。**

田中課長　なるほど、それはプレッシャーがかかりますね。まず、そのクライアントにどのような提案を準備しているのか教えてくれますか？

吉田係員　はい。現在進行中の提案内容は新しいサービスの導入に関するものので、具体的なプランをまとめているところです。ただ、思い当たる前例がなく、自分で過去の提案書を読み込んでいるうちに今日になってしまいました。

田中課長　教えてくれてありがとう。では、完成までの進捗は何パーセントで、完成までにどんな情報が必要か教えてもらえますか？

吉田係員　進捗は20％だと思います。提案は3案ほど出したいのですが、まだ1案もまとまっていません。

田中課長　ＯＫ。その3案というのは先方が指定したの？　それとも吉田さんがつくりたいと決めている数？

吉田係員　私が決めた数です。案は3つないと失礼かなと思ったからです。

これは「仕事の仕方がわからない」です。持論を持つ「できる部下」なら「こうやろうと思います」と相談しますが、持論がない場合は、考える入口がありません。

田中課長　わかりました。私も含めてチームで手分けするから、あと1時間でつくり切ろう。ちなみに、自分の中で仕事を抱え込んでしまったのは、何がそうさせたと思います？

吉田係員　最近、仕事が忙しくて、報連相のタイミングが掴めていませんでした。それに、もう一人立ちをして周囲に迷惑をかけず、自分でなんとかしなくてはと思ってしまって……。すみません。

田中課長　忙しさと責任感から報連相が後回しになってしまったんですね。教えてくれてありがとう。**吉田さんの中で仕事がうまくいった姿というのは、過去にどんな経験がありますか？**

吉田係員　学生時代のグループプロジェクトです。定期的なミーティングを設定して進捗を共有していました。それがあったので周囲に助けを求めることができ、うまくいった記憶があります。

田中課長　それはよいヒントですね。毎週の定期会議の中で、進捗を共有するだけでなく、自ら助けを求めるような相談を増やしていきましょうか。必要に応じて臨時の報告も柔軟に行うようにしましょう。また、私は業務

同じような課題を経験した中から持論を見つけることは本人にしかできません。仕事だけでなく、広い視野で考えるきっかけづくりを心がけましょう。

チャットでメンバーから簡潔な相談がくるととても効果的だなと思います。吉田さんも業務チャットで気軽に相談してみてはどうですか？

吉田係員　それは効果的ですし、変わると思います。やってみます。

田中課長　他に、定期報告や業務チャットをするうえで、何か懸念点はありますか？

吉田係員　そうですね、やっぱり時間管理が難しいかなと思います。報告のために時間を割くことで、他の仕事に影響が出ないか心配です。

田中課長　それは確かに重要な点ですね。報告の時間を効率的に使うために、短時間で要点をまとめる技術は必要ですよね。その点、松本さんはとてもチャットが簡潔で助けを求めるのがうまいので、松本さんに書き方や相談のコツを教えてもらうのはどうですか？

吉田係員　はい、確かに松本さんのチャットは何をどうして欲しいのかが簡潔ですね。松本さんにコツを教えてもらいに行きます。

田中課長　よいと思いますよ。ぜひ、うまい人の仕事を真似して吸収していってください。引き続き頑張りましょう。

キャリアに悩む中堅社員との1on1

対話クイズ

問題

あなたは中堅社員の部下と１ｏｎ１を行っています。これまでの対話で、部下は新規プロジェクトのリーダーを担当したいという希望を述べ、あなたもそれを支持しました。しかし、具体的な計画を立てる段階で、部下が不安を感じ始めたようです。この状況で、部下の懸念を払拭し、プロジェクトリーダーとしての準備を進めるために最も効果的な問いかけは、次のＡ〜Ｄのうち、どれでしょうか？

選択肢

Ａ　リーダーになる自信がないのであれば、もう少し時間をかけて準備しましょうか。

Ｂ　過去のプロジェクトでの成功体験を３つ挙げてください。それらの経験をどうやって活かすのかを考えましょう。

C　プロジェクトリーダーの役割について、私から詳しく説明しましょうか。

D　たとえば、プロジェクトを進める中で最もリスクだと思うことって、どんな出来事だと思いますか。

解説

実力もあり、持論もたくさん持つ中堅社員は、上司にとって頼もしい存在です。右腕としても信頼できることから、「好きなようにやればいい」と放置してしまいがちです。ところが、本人からすれば、仕事量は増え、メンバーと上司の板挟みにも気遣い、そのうえ特別な裁量権もないなど、意外に不安を抱えている人が多いのです。

上司は、経験の中から「持論の組み合わせ」を考えるきっかけや、現状の不安をサポートするなど、中堅社員の実像よりひと回り大きな姿をイメージさせてあげましょう。上司の抱える課題に一緒に向き合ってもらうのも効果があります。各選択肢の具体的な解説は次の通りです。

【A】

○もう少し時間をかけて……すでに合意した状態目標を後退させる可能性があり、部下の成長機会を逃す恐れがあります。不安を避けるのではなく、それに向き合い克服する姿勢が重要です。

【B】

○成功体験を3つ挙げて……過去の成功体験は重要ですが、この段階では具体的な不安要素に焦点を当てるべきです。また、3つの事例を挙げさせることで、現在の具体的な懸念から話題が逸れる可能性があります。

【C】

○役割について……役割の説明よりも、具体的な不安に対処することが優先されるべきです。また、一方的な説明は、部下の主体的な思考を妨げる可能性があります。

【D】

○最もリスクだと思うこと……具体的な不安要素を特定し、それに対する解決策を考えるよう促しています。

○どんな出来事……リスクだと思う事象が、具体的に何を理由にどう発生するのかを話し合います。話し合う中で極めて起こり得ないことであるとか、すでに解決策が確立されていることなどが明らかになる場合があります。

正解 **D**

「懸念払拭」のステップです。中堅社員の不安は具体的なサポートで解消します。

Dの問いかけを用いることで、部下の具体的な不安要素を明確にし、それに対する実践的な対策を一緒に考えることができます。これにより、部下の自信を高めつつ、必要なサポートを提供する方向性を示すことができます。

対話シミュレーション

中堅社員との1on1における理想の対話事例を紹介します。

田中課長　山田主任、**この時間で話したいテーマや今関心を持っていることと、何か気になることはありますか？**

山田主任　ありがとうございます。最近、いくつかのプロジェクトが重なっていて、どうしても時間の管理が難しくなっています。それに、チーム内でのコミュニケーションがうまくいっていないと感じています。

田中課長　そういう状況なのですね。その中で、山田さんが一番気になることってなんですか？

山田主任　Aプロジェクトでクライアントからのフィードバックが遅れ気味

すでに1on1が定着した社員であれば、チャレンジ意欲は常に高く、それゆえ不安も抱えているのは当然と考え、1on1を活用します。

なことです。その情報を共有できず、Bプロジェクトの対応に追われてしまい、結果的にAプロジェクトの進捗が遅れてしまいました。

田中課長　なるほど、Aプロジェクトの遅れがチーム内の仕事の進め方に影響を及ぼしたのですね。**Aプロジェクトの遅れとは、何がそうさせたのだと考えますか？**

山田主任　結局、私自身が提案書を作成するのに手間取っていたことです。新しいメンバーのOJT（On the Job Training：実務を通じた訓練）に加え、新システムの導入に伴って調べごとをしました。そうしたら、予想以上に時間を取られてしまいました。

田中課長　その気持ちはよくわかります。すべてに対して万全の準備を行うと、物事が進まなくなることはありますよね。そうした時間がない中で、一番「困ったな」と印象に残っているのは、どんな場面でしたか？

山田主任　3日前のことですが、Bプロジェクトの急な対応が入ったときに、Aプロジェクトの進捗確認のメールを送るタイミングを逃してしまい、その結果、Aプロジェクトの進捗が止まってしまいました。それに、OJT

「報告」を求めるのではなく、「何がそうさせているか」を話すことで、部下自身が原因を見つける機会をつくります。

をしている吉田さんが翌日までに3つの提案を出さなければいけないことが発覚しました。プロジェクトもOJTも不完全なままで、とても苦しい気持ちでした。

田中課長　なるほど、**そんな苦しさを感じる前に私がケアをしてあげるべきでした。**申し訳ないです。

山田主任　いえ、先日、チーム一丸となって吉田さんの提案書を仕上げたことで、吉田さんの自発性が大きく変わったと思います。あのときはありがとうございました。一方で私自身の課題として、どうしても重要なタスクが後回しになってしまうことがあります。OJTと自分のやるべきことを両立させるのが一番の課題です。

田中課長　それはとても重要な発見だと思いますよ。後輩の指導をしながらも、重要なタスクを見逃さないというのが最大のポイントなのですね。

山田主任　もう少し時間管理がうまくできればいいのですが、具体的な方法がわからなくて。あと、チーム内のコミュニケーションも改善したいです。先輩たちの指示が、若手社員には難しくて理解されていないことが多いと思

リーダーが不安解消のサポートを示すことで、できる社員はもうひと回り大きな自分をイメージして仕事に向かうことができます。

います。

田中課長　なるほど、チーム内での言葉の解釈に差があるということですね。その観点は私にとって新しいです。ちなみに、もし今のチームワークのままでいたら、一番リスクだと思うのはどんな出来事ですか？

山田主任　たとえば、佐藤課長代理が指示を出してきたときに、若手がイチから用語を調べていることがありました。ただ、今まで経験したことを少し工夫するだけで応用できるのに、まったく新しい技術だと思ってしまったようです。結果的に全体の進捗が遅れてしまうことがあります。

田中課長　**具体的なエピソードを聞かせてくれてありがとう。**過去に似たような状況をうまく乗り越えた経験はありますか？

山田主任　以前のプロジェクトでは、週ごとにタスクを細分化して進捗を管理し、定期的なミーティングを設定して過去の事例の応用を話し合うことで、うまく進めることができました。

田中課長　その方法はうまくいったのですね。どのようなポイントが特に効果的だったと感じますか？

> **抽象的な話に留まらず、具体的なエピソードを聞くことで、メンバーの持論を引き出しやすくなります。**

山田主任　タスクを細分化することで、それぞれのタスクに共通する基礎知識や、用語の本来の意味を学び合うことができていたと思います。

田中課長　それは素晴らしいですね。**実はその方法にすでに取り組んでいると聞いていますが、現在どのような課題があると感じていますか？**

山田主任　はい、実際にタスクの細分化と定期的なミーティングを取り入れているのですが、過去の事例を応用するところまでは話し合えていないです。結局、経験者は解釈できるけど、若手には難しいまま放置されていますね。

田中課長　なるほど。タスクを細分化して、共通している基礎知識を説明し、過去の事例の応用までを共有できると、状況は変わりそうですね。

山田主任　はい。まさにそれです。議題を事前に共有して、各メンバーに過去の事例との共通点や、応用した際の工夫について考えてもらうといいかもしれません。

田中課長　それはよいアイデアですね。**他に重要なタスクを見逃さないための時間管理について、どのような方法が考えられますか？**

経験も持論も多い部下ほど、自分の中にある「今、使える持論」にはすぐにたどり着けません。いくつもの視点を与えて多角的な自己検証を可能にします。

持論の組み合わせで、新しい課題にも「できそうだ」が見えてきます。

山田主任　若手が自分から取り組んでくれるようになったら、緊急時の相談フローを明確にしたいと思います。今回のようにチーム全員で対応するレベルと、そうでないものはどのように違うのかなどが明らかになれば、もっと自分からチーム全員への働きかけが増えると思います。

田中課長　その相談フローの確立は、確かに暗黙知になっていますね。では、私は相談フローの確立を考えてみるので、山田さんは先ほどの過去の事例の応用について、話し合い方を考えてもらえますか?

山田主任　それで進めてみたいと思います。ありがとうございます。

田中課長　わかりました。それでは、引き続き頑張りましょう。何か問題があればすぐに相談してください。

scene
05

ランチタイム中の部下に声をかける

対話クイズ

問題

あなたが社員食堂で昼食をとろうとしていたところ、新しくチームに加わった部下が一人で食事をしていました。普段はあまり個人的な会話をすることがなく、この機会に部下との関係性を深めたいと考えています。この状況で、部下の興味関心を引き出し、より深い関係性を構築するために最も効果的な問いかけは、次のA～Dのうち、どれでしょうか？

選択肢

A　最近の業務で、特に力を入れていることはありますか。

B　休日はどのように過ごしていますか。何か趣味はありますか。

C　そういえば、この前のレポート作成はありがとう。私もあのようなまとめ方をしたいなって影響されましたよ。

D　山田さんの仕事の振り方が雑で、最近困っているようですね。

解説

食堂とはいえ、突然隣り合わせになっても何を話していいかは思いつかないものです。そのまま挨拶程度で黙々と食事だけの時間となっては、関係性は深まりません。無理に対話の入口を開こうとして、上司・部下の関係からスタートすると「仕事はどう?」「頑張ってる?」といった言葉しか出てこず、「ええ、まあ」くらいの返事しか戻ってきません。部下からしてもプレッシャー以外の何物でもないのです。

休憩時間や就業時間後は、相手にとっては公私の「私」の時間です。まして食事をしながらであれば「楽しく過ごす」が大前提であり、リーダーといるのは、「何のためにやっているのかわからない1on1」と同じです。課題や問題点を話題にするのは避けましょう。仕事を話題にする場合も「最近、この仕事が楽しかった」「一番面白いと思った仕事」など、業務や成果とは異なる問いかけを心がけてください。

リーダーとメンバーの前提をなくし、「そう考えるのか」「そう感じるのか」を交換し合いながら、お互いに共通すること、異なることを知り合う機会と捉えるのがいいでしょう。各選択肢の具体的な解説は次の通りです。

【A】

○特に力を入れていること……具体的な接点や相手からの影響に触れておらず、一般的な業務の質問に留まっています。そのため、相手の価値を認める要素が欠けています。

【B】

○休日は……仕事に関する具体的な接点がなく、プライベートな質問に突然飛躍しています。関係性ができていないメンバーからすると、唐突にプライベートのことを聞かれるのはあまりいい気がしないものです。

【C】

○この前のレポート作成……相手との具体的な接点に言及しており、会話の糸口を自然につくっています。

○したいなって影響されましたよ……相手の過去のプロセスから影響を受けたことを伝えることで、相手の価値を認めています。さらに、相手の行動から受ける「学習」「影響」に関心を示すことで、モチベーションを引き出す機会をつくっています。

○ありがとう……直接的な質問ではなく、感謝と称賛を通じて相手の反応を促しています。

【D】

〇山田さんの仕事の振り方……この場にいない第三者を話題にして対話の糸口を探していますが、明らかにネガティブな話題を提供しています。一般的には「悪口」と捉えられます。田中課長と山田主任の関係性がどれだけ構築できていようと、メンバーからすると「裏では私も悪く言われているのかな?」と懐疑的になり、安心して働けない環境になります。

〇困っているようですね……無理やり同情を求める言い方で危険です。メンバーは愛想笑いを浮かべて、その場はやり過ごしますが、冗談なのか本音なのかがわからない上司の態度に、信頼を失っていくでしょう。

正解　C

「興味関心」のステップです。対話の入口では相手との接点や影響について話します。

Cの問いかけを用いることで、具体的な接点をもとに会話を始め、相手の価値を認めつつ興味関心を引き出すことができます。これにより、より自然で深い関係性を構築する機会が生まれ、相手の意欲や成長にもつながる可能性があります。また、リーダー自身も学ぶ姿勢を示すことで、双方向のコミュニケーションを促進することができます。

対話シミュレーション

ランチタイムにおける理想の対話事例を紹介します。

田中課長　吉田さん、隣でご一緒してもいいですか?

吉田係員　お疲れ様です。もちろんです。

田中課長　最近、仕事の調子はどうですか?

吉田係員　そうですね、まだ学ぶことが多くて大変ですが、なんとか頑張っています。

田中課長　最初のうちはいろいろと覚えることが多いから大変ですよね。でも、吉田さんの、**わからないことを納得いくまで調べる姿勢は、いつも素晴らしいなと思って見ていますよ。**

吉田係員　ありがとうございます。その言葉を聞くと少し安心します。

田中課長　ところで、**最近の仕事の中で特に楽しかったことや面白かったことは何かありますか?**

仕事の評価ではなく、「ちゃんと見ている」は、成長実感の自覚や心理的安全性の実感につながります。

業務を離れた場でする仕事の話は「楽しい」「面白い」など、ポジティブな感情レベルの事柄に留めます。

吉田係員　最近、新しいプロジェクトに参加させてもらっているのですが、そこで新しい技術を学ぶ機会があって、それがすごく楽しかったです。

田中課長　それはいいね。どんな技術を学んだの？

吉田係員　クラウドコンピューティングの基礎を学んだんです。初めての分野で不安もあったんですが、実際に触れてみると面白くて。チームの先輩たちも親切に教えてくれたので、すごく勉強になりました。

田中課長　クラウドコンピューティングか。私も見習わなきゃな。先輩たちが親切に教えてくれたっていうのもいいね。どんなことが自信になりましたか？

吉田係員　そうですね。プロジェクトのミーティングで、自分の意見を発表する機会をもらったことです。緊張しましたが、みんなが真剣に聞いてくれて、自信がつきました。

田中課長　それは素晴らしい経験だね。自分の意見を発表するのは勇気がいることだけど、しっかりやり遂げたんだね。**自分の意見をきちんと伝えることや学ぶ姿勢って、いくつになっても忘れちゃダメだって思うよ。**

メンバーの新たな一面、リーダーの心を動かすような努力を知ったら、ありのままの感想を伝えることが信頼関係の醸成につながります。

吉田係員　ありがとうございます。これからも自分の意見を持って貢献できるようにしていきたいです。

田中課長　いいね。一方で、仕事で疲れちゃって体力がしんどいとか、そういうときはどうしているのですか？

吉田係員　実は最近、登山にハマっていまして、週末に友人と一緒に山に登ることが多いです。

田中課長　登山！　素敵ですね。どの山に登ったの？

吉田係員　先週は高尾山に行ってきました。景色がすごくきれいでリフレッシュできました。

田中課長　それは素晴らしいね。仕事で忙しい分、プライベートで積極的にリフレッシュできているのは流石だね。

吉田係員　ありがとうございます。田中課長は何か休日にリフレッシュしていることはありますか？

田中課長　そうだね。腰を悪くしちゃって、整体に通ってばかりだね。

吉田係員　そうなんですね。腰、お大事にしてくださいね。

scene 06

商談を終えて移動中の電車内

対話クイズ

問題

あなたは若手の部下の営業に同行しています。商談を終え、電車で会社に戻る途中、部下の成長状況を把握し、今後の指導に活かしたいと考えています。この状況で、部下の成長を促し、今後の指導に活かすために最も効果的な問いかけは、次のA～Dのうち、どれでしょうか？

選択肢

A　今日の商談で、お客様が「導入したい」と思うようになった話題の節目って、どこにあったと思いますか。

B　次回からは、お客様への挨拶はもっと元気よく、商品説明は3分以内に収めるようにしてください。わかりましたか。

C　今日の商談のあらすじを頭から詳しく話してみて。

D　今日の商談は私から見ると60点だったな。

解説

商談後に短い時間でも対話によって振り返りを実施するのは効果的です。その目的は、内容の評価や成否の判定をすることではありません。部下自身が商談での体験や感じたことをエピソードとして自分の口で話すことで持論化を促すためです。

この振り返りは、若手と中堅・ベテランとではリーダーの役割に若干違いがあります。若手の場合は、適切な問いかけを用いてエピソード化による振り返りをさせ、自分なりの視点を語らせることが重要です。そのうえで「面白かった」「大事なことだと感じた」と言及できれば、「よく見ていたね」と承認することで、部下自身の中で持論化が進みます。

中堅・ベテランの場合は、すでに持論化もできるうえに、それぞれのクセもあるので、多少のアドバイスも兼ねた他者視点での感想を添えてもいいでしょう。「さっきの後半、少しクロージングに苦労しましたね。私にも予想外の展開でした」「確かにヒヤヒヤしましたね。あのよう場面で、課長ならどうしますか?」などと会話が発展し、リーダーと部下の持論を学び合う機会にもなります。

いずれにせよ、商談の印象は長くは残らないので、なるべく早く、短時間で構わないので行うよう心がけましょう。各選択肢の具体的な解説は次の通りです。

【A】

○話題の節目……同行したプロセスの中で、重要なターニングポイントについて話し合っています。仮にリーダーと部下で着眼点が違っても、その違い自体が双方にとって学ぶ材料になります。部下は自ずとリーダーの着眼点から持論を盗み、新たな挑戦への学習になるのです。

○どこにあったと思いますか……リーダーの着眼点が必ずしも正解ではなく、フラットに見て感じたことを問い合うことに寄与します。間違っても「そこは節目ではない」「まだまだ君は甘いな」などとマウントを取ることなく、「そういうふうに考えたんだね」「それも一理あるね」などと、認識の差が明らかになったことを楽しみましょう。

【B】

○してください……一方的な指示で、部下の主体性や考える機会を奪い、部下の成長や気づきを促す機会を逃しています。

○3分以内に収める……具体的な数値を示していますが、個々の状況に応じた柔軟性がありません。

【C】

○商談のあらすじ……リーダーが一方的に情報を収集するだけ、または単なる事実の羅列を求めるだけになり、部下自身の振り返りや学びを促していません。成功体験や成長ポイントに焦点を当てていないため、前向きな学びにつながりにくいです。

【D】

○私から見ると60点……リーダーの一方的な評価を伝えるだけで、部下の自己評価や気づきを促していません。低い点数を示すことで、部下の自信を低下させる可能性があります。具体的な改善点や成功点に触れておらず、建設的なフィードバックになっていません。

正解　A

「積み上げげ」のステップです。部下の成功体験を具体化させます。

Aの問いかけを用いることで、部下の成功体験を具体化し、その要因を明確にすることができます。これにより、部下の自信を高めつつ、今後の成長につながる具体的な行動指針を見出すことができます。また、リーダーとしても、部下の強みや成長ポイントを把握し、より効果的な指導につなげることができます。

対話シミュレーション

　商談後における理想の対話事例を紹介します。

田中課長　鈴木さん、今日は営業に同行させてもらってありがとう。最近の仕事の状況や何か気になることはありますか？

鈴木主任　こちらこそありがとうございます。最近の仕事は順調ですが、少し忙しすぎるかなと感じることがあります。

田中課長　そうですか。具体的にはどんな点が忙しいと感じますか？

鈴木主任　新規顧客の開拓が増えてきて、既存顧客のフォローと並行してやらなければならないので、時間のやりくりが大変です。

田中課長　新規顧客の開拓と既存顧客のフォローを同時に行うのは確かに大変ですね。**特に最近、印象に残ったエピソードはありますか？**

鈴木主任　最近、ある大手企業との商談が成功して、新規顧客として契約できたのですが、その準備とフォローアップにかなりの時間を割かれました。嬉しいことですが、他の業務に影響が出てしまいました。

具体的なエピソードを聞くことで、メンバーが積み上げてきている持論を確認していきます。

田中課長　それは大きな成果ですね。おめでとうございます！　でも、その分、他の業務に影響が出るのは確かにしんどいですよね。**バランスの取り方で、工夫していることはありますか？**

鈴木主任　スケジュールを細かく管理して、優先順位をつけるようにしていますが、それでも時間が足りない感じです。

田中課長　なるほど。時間は限られますよね。もし仮に時間があったら、鈴木さんはその中でも**特にどんな仕事に注力したいですか？**

鈴木主任　やはり、新規顧客との商談です。一番楽しいですし、新しいビジネスチャンスを見つけるのが好きなんです。

田中課長　なるほど。新規顧客との商談で特にこだわっているのはどんなことですか？

鈴木主任　やはり仮説をつくることですね。最近の大手企業との商談で、こちらの提案がクライアントの課題にピッタリ合ったときは、本当にやりがいを感じました。クライアントも喜んでくれて、自分の仕事が役立っていると実感しました。

メンバーの持論を引き出すときは、「学びたい」「教えて欲しい」という姿勢を示すことも必要です。

仕事の話題も「楽しい」「面白い」をキーワードに聞くと、部下の興味関心を知ることができます。

田中課長　それは素晴らしいですね。クライアントの課題にピッタリ合った提案ができるのは、鈴木さんがしっかりとクライアントのニーズを理解しているからこそです。その点を大切にしながら仕事を楽しんでいるんですね。

鈴木主任　ありがとうございます。そうですね。やっぱりクライアントのニーズを理解して、それに応える提案ができると本当に楽しいです。

田中課長　そのために、日頃から準備していることってありますか？

鈴木主任　日頃から業界別にニュース記事を集めています。業界を越えた意外なコラボレーションとか、「その手があったか」という記事に出会うと、すごく面白いですし、仕事に役立てられないかなと考えます。

田中課長　素晴らしいですね。**その情報のストックは、時間の効率化に役立ちそうな気がするのですが、どうでしょう？**　たとえばチームで役割分担を見直し、誰がどのような情報を持っているのかを可視化するなど。

鈴木主任　それはいいアイデアですね。確かに不得意なテーマも自分で読み込んで集めていたので、チームで得意な人に得意な役割を任せることで、もっと効率的に進められるかもしれません。

> 課題解決のためには、新しいことを始めるだけでなく、すでに行っていることを結びつけると、メンバーが行動を起こしやすくなります。

田中課長　チームで役割分担を見直すためには、お互いのスキルやキャリアプランを理解することが重要ですね。たとえば、山田主任はデータ分析が得意ですし、吉田さんはクライアントとのコミュニケーションに優れています。彼らのスキルをどう活かすか考えてみるとよいかもしれません。

鈴木主任　そうですね。今度チームミーティングでそのことを話し合ってみます。みんなのスキルやキャリアプランを共有することで、お互いをもっと理解し合えると思います。

田中課長　いいアイデアですね。チームでお互いの強みを理解し、役割分担を見直せたら、私がつくりたいチーム像そのものですね。ひとつ提案なのですが、情報ストックのやり方について、鈴木さんからチーム全体に提案してみるのはどうでしょう。

鈴木主任　はい、そうしてみます。ありがとうございます。

田中課長　こちらこそ。何か他に話したいことや、気になることがあればいつでも相談してくださいね。

鈴木主任　ありがとうございます。そうさせていただきます。

scene 07

商談内容を短時間で振り返る1on1

対話クイズ

問題

あなたは、成長著しい若手の部下が重要な商談を終えたあと、5分間の振り返りを行っています。すでに商談の内容や流れについて簡単に話し合い、よかった点と課題を整理しました。残り2分ほどで、次回への具体的な改善策を見出したいと考えています。この状況で、部下の成長を促し、次回の商談に向けた具体的な行動是正を引き出すために最も効果的な問いかけは、次のA～Dのうち、どれでしょうか？

選択肢

A　もし、同じような商談があった場合、次はこうしてみたいなと思うアイデアはありますか。

B　営業として、1年後にどのようなビジョンを達成していたいですか。

C　次回からは、プレゼンテーションの時間を5分短縮し、質疑応答の時間を増やしてください。

D　今日の商談は、どんな感じでしたか。

解説

商談の振り返りは直後がいいといっても、リーダーの対話力、部下の言語化力によっては難しいこともあります。「今日の商談はよかったですか？」「よかったです！」で終わってしまうこともあり得ます。

これは部下のタイプにもよりますが、「課長のような商談上手になりたい！」といった、明確な目的やモチベーションを持つ部下の場合は、自己評価させることも有効です。

自己評価は、「10点中、何点くらい？」「7点というところでしょうか」「足りない3点はどんなこと？　その3点分は、どんなことができたらいいと思う？」と、部下が自分自身に問いかけるものにしましょう。

最近では、商談そのものがリモートというケースが多くなっています。そうした場合は、商談直後に別のリモート会議を設定しておいて、短時間の1on1を行うなど、機会の確保を心がけるとよいでしょう。各選択肢の具体的な解説は次の通りです。

【A】

○同じような商談があった場合……振り返りの最終段階で、具体的な状況を想定させることで、具体的な改善策や実践的なアイデアを引き出せます。

○アイデアはありますか……部下自身に改善のアイデアを考えさせることで、主体的な思考と行動修正を促しています。

○こうしてみたいなと思う……「こうしてみたい」という表現により、ポジティブで前向きな姿勢で改善点を考えられます。

【B】

○1年後にどのようなビジョン……振り返りの最終段階で問うには遠くて大きすぎる質問です。次の商談への行動プランに直接結びつかない対話になります。

【C】

○時間を増やしてください……一方的な指示で、部下の主体性や考える機会を奪っています。個々の状況や部下の気づきを無視した画一的な指示になってしまい、部下自身の改善提案を引き出せていません。

【D】

○どんな感じ……問いかけるにはとても便利なひと言ですが、質問の抽象度が大きく、答える側には負荷がかかります。リーダーの言う「どんな」は、何を指しているのかが共通認識化されていなければメンバーは迷ってしまいます。

正解 **A**

「改善提案」のステップです。部下のモチベーションと行動修正を促します。

Aの問いかけを用いることで、これまでの振り返りを踏まえながら、部下が主体的に次回の改善案を考える機会を提供できます。これにより、部下のモチベーションを保ちながら、次回の商談に向けた具体的かつ創造的な行動指針を立てることも可能です。また、リーダーとしても、部下の思考プロセスや改善への意欲を把握し、今後の指導に活かすことができます。

対話シミュレーション

商談後の短い1on1における理想の対話事例を紹介します。

田中課長　松本さん、お疲れ様でした。今回の商談はなかなか手応えがあったね。少しだけ時間を取って、今日の商談を振り返ってみようか。

松本主任　ありがとうございます。そうですね。いくつかよい反応をもらえたと思います。

田中課長　そうだね。特にクライアントが新しい提案に興味を持ってくれたのは嬉しかったですね。今日の商談で松本さんがよかったと思う点はどこだと思いますか？

松本主任　クライアントの質問に対して的確に答えられたところですかね。それから、こちらの提案のメリットをしっかり伝えられたと思います。

田中課長　私も同感です。松本さんの**的確な回答と提案のメリットを強調した説明は、クライアントにとって非常に有益だったと思います。**あれは、どんな準備をしてきたからできたのですか？

松本主任　クライアントの業務改善に自社のどのようなプロダクトが貢献したのか、過去の事例を多く読んできたことだと思います。そのため、数値と事例を用いて説明できました。たとえば、先月のプロジェクトで同じソリューションを導入した企業がどれだけ効率化したかを示しました。

田中課長　それは素晴らしい努力ですね。具体的な数値と事例を用いること

部下を承認することで成長実感を得られるように心がけましょう。

で、クライアントもわかりやすく、説得力が増しますね。以前からもそうした準備は行っていたのですか？

松本主任　1年前はしていませんでした。ただ、うまくいかない顧客との商談に向けて、徹底的に調べて臨んだあたりから手応えを感じ始めました。

田中課長　素晴らしい決断ですね。うまくいかない商談では緊張するのが普通ですよね。**今後はもっとこうしていきたいという、次への目標って見えてきましたか？**

松本主任　はい。資料づくりは自信がついたのですが、少し焦ってしまった部分があって、話が前後してしまったところがありました。特にクライアントの反応を見ながら話していたので、つい順序が崩れてしまったんです。

田中課長　なるほど。確かに少し焦りが見えた場面もあったかもしれませんね。でも、それは意識して練習していけば克服できると思いますよ。実際に経験を重ねることで、冷静さも身についてくるものですよね。

松本主任　ありがとうございます。次回はもっと冷静に頑張ります。

田中課長　いいですね。その冷静さを出すために、何か工夫できそうなこ

指示やアドバイスはせずに、メンバー自らが改善点を考え、発言できるように促します。

とってありますか？

松本主任　次回は事前に話す内容をしっかりと整理しておくことで、**落ち着いて対応できるようにしたいです。**特に話の順序を明確にしておくことが大切だと感じました。

田中課長　それはいい考えですね。事前の準備がしっかりできていれば、緊張も和らぐし、時間内にどのように話を進めるといいのかが見えて安心できますね。ちなみに、山田主任や佐藤課長代理と一緒にリハーサルをするというのはどうですか。あの二人は豊富な経験をお持ちですよね。

松本主任　それはいいアイデアですね。一緒にリハーサルをすることで、実際の商談に近い状況を体験できますし、フィードバックももらえます。

田中課長　チームで協力することで、全体のスキルアップにもつながると思います。リハーサルのロールプレイについて計画してみてはどうですか？

松本主任　はい、それはやってみたいです。早速計画してみます。

田中課長　他にサポートが必要なことがあれば、いつでも言ってください。

松本主任　ありがとうございます。次回も頑張ります！

商談直後に次回を展望することで、今回の「足りない」への反省をポジティブな意欲に変換します。

scene 08

チームメンバー全員が参加する会議

対話クイズ

問題

あなたは今後の営業方針を決める重要な会議を主催しています。チームメンバー全員が参加しており、経験も実績もさまざまな社員がいます。会議の冒頭で全員の一体感を高めつつ、建設的な議論の土台をつくりたいと考えています。この状況で、メンバーの興味関心を引き出し、全員の一体感を高めるために最も効果的な問いかけは、次のＡ～Ｄのうち、どれでしょうか?

選択肢

Ａ　今日の会議のゴールと、みんなで話し合いたい論点を提示しますね。まずは今日のゴールと論点について、皆さんのリクエストや疑問点はありますか。

Ｂ　先月の営業成績を分析した結果、３つの課題が明らかになりました。これについて皆さんはどう思いますか。

C　新しい営業方針案について、私から説明します。質問があればのちほど受け付けます。

D　ベテラン社員の方々に聞きたいのですが、過去の成功事例から学べることは何だと思いますか。

解説

社外関係者との打ち合せや商談であれば、事前の準備をしっかりしますが、社内会議だと定番化・パターン化してしまうことがあります。これは、チームの連携が進むほど、メンバー同士の理解や関係性が高まるほど、そうなってしまいがちなので注意が必要です。そういう意味では、チームの全体会議は、対話の質を見直すよい機会となるでしょう。

ここで大切なのはリーダーの立ち位置です。メンバーが育つことで、リーダーは安心してしまい、会議をメンバーに任せることがありますが、育ったメンバーの持論や提案をまとめるファシリテーターは、リーダーの役目であるとお考えください。リーダーとメンバーの垣根を越えた信頼関係、人間関係が形成されて、ファシリテーター役をメンバーに権限移譲できたら理想的です。ただし、全員に方向性を示し、まとめ上げるのはリーダーです。「何がどう話し合われているのか、自分は知らない」「何も聞いていない」という態度は責任転嫁です。

そのため、社内のチームミーティングでも、事前のアジェンダの準備は欠かせません。これは定例の会議と単発の会議、または会議の目的に応じて準備が異なります。

単発の会議では、プロジェクトリーダーまたはチームリーダーがアジェンダを作成し、会議の冒頭に概要を説明します。チーム全体に関連する意見があれば、メンバーに事前の準備をお願いします。

定例の会議であれば、チームリーダーが事前にメンバー全員に話したいことや確認したいことをリサーチし、そのまとめをアジェンダに盛り込むことをお勧めします。これは、ここまでのクイズで紹介した日常の短い対話の中で集めることもできます。事前にメンバーの参画感を会議のアジェンダに組み込むことで、全員の合意形成をしやすくなります。各選択肢の具体的な解説は次の通りです。

【A】

○提示します……会議の目的と方向性を明確にしつつ、メンバーの意見を求めています。

○みんなで話し合いたい……「みんなで話し合いたい」という表現で、全員参加型の会議であることを示しています。

○ありますか……会議の冒頭で参加者の関心を確認することで、以降の議論をより効果的に進められます。

【B】

○3つの課題……特定の課題に議論を絞ってしまい、メンバーの自由な発想や意見を制限する可能性があります。

○皆さんはどう思いますか……全員の参画感を高めるよりも、提示された課題に対する反応を求めています。

【C】

○私から説明します……一方的な説明では、メンバーの参画感や一体感を高めることができません。

○質問があればのちほど……質問を後回しにすることで、メンバーの主体的な参加を抑制してしまいます。

【D】

○ベテラン社員の方々……ベテラン社員のみに焦点を当てており、他のメンバーの参画感を損なう可能性があります。

○成功事例から学べること……過去の成功事例に固執することで、新しい視点や革新的なアイデアを抑制してしまう恐れがあります。

正解　A

「興味関心」のステップです。メンバー全員の興味関心を引き出します。

Aの問いかけを用いることで、会議の方向性を明確にしつつ、メンバー全員の興味関心や懸念事項を引き出すことができます。これにより、参加者全員の参画感と一体感を高め、より効果的で包括的な議論を促進することができます。また、リーダーとしても、チーム全体の考えや期待を把握し、会議の進行を適切に調整することができます。

対話シミュレーション

チーム全員が参加する全体会議における理想の対話事例を紹介します。

田中課長　皆さん、お集まりいただき、ありがとうございます。今日は今後の営業方針について話し合いたいと思います。まずは、今の状況を簡単に共有します（田中課長が状況説明を行う）。

田中課長　新規顧客の開拓と既存顧客のフォローアップが今後の重要なポイントです。皆さんの意見を積極的に聞きたいので、**リラックスして自由に発言してください。**では、まず新規顧客の開拓について、佐藤さん、何か気になっていることはありますか？

佐藤課長代理　新規顧客の開拓は確かに重要ですね。私は、中小企業向けのサービスを強化するべきだと思います。

田中課長　中小企業向けのサービスを強化することで、新しい市場を開拓できる可能性がありますね。山田さん、**今の意見についても、それ以外の観点でもいかがですか？**

山田主任　そうですね、私も佐藤さんの意見に賛成です。ただ、中小企業向けのサービスを強化するためには、現場の声をもっと聞く必要があると思います。

吉田係員　現場の声を聞くためには、もっと顧客と直接コミュニケーションをとる機会を増やすべきだと思います。

松本主任　でも、今の忙しい状況で、新規顧客の開拓と既存顧客のフォロー

最初に、全体会議はメンバー全員が参画する場であることをしっかりと位置づけます。

リーダーは会議のファシリテーターとして、全員に意見を促しながら合意形成できるように調整していきます。ただ話すだけが会議の目的ではありません。

を同時に行うのは難しいのではないでしょうか。優先順位をつける必要があるかもしれません。

田中課長　確かに、両方を同時に進めるのは大変ですね。**論点を少しまとめさせてください。**新規顧客の開拓と既存顧客のフォローに関して、顧客とのコミュニケーションの機会をとったほうがよいとのことです。そのために、どのように日々のタスクに優先順位をつけるのがいいと思いますか？

佐藤課長代理　新規顧客の開拓を優先する場合、既存顧客のフォローが疎かになってしまうリスクがあります。逆に、既存顧客のフォローを優先すると、新しいビジネスチャンスを逃してしまうかもしれません。

鈴木主任　それなら、チーム内で役割分担をしてみてはどうでしょうか。たとえば、私がデータ分析を担当し、吉田さんがクライアントとのコミュニケーションを強化する役割を担うことで、両方をバランスよく進められるかもしれません。

吉田係員　それもひとつの方法ですね。ただ、全員が新規顧客の開拓と既存顧客のフォローを両方担当するのではなく、専任の担当を設けるのもよいか

対話を進めていく中で意見の発散ができたら、一度、論点をまとめ、テーマを絞りましょう。その際、メンバーから出た意見を使って軸をつくると納得感を生みやすくなります。

もしれません。

田中課長　確かに、専任の担当を設けることで、各自の強みを活かして効率的に進めることができますね。山田さん、役割分担についてタスク別か、新規と既存別かという2つの意見が出ていますが、どのように考えますか？

山田主任　そうですね。私はタスク別がよいと思います。データ分析に専念するチームと、顧客対応に専念するチームをつくることで、それぞれの役割を明確にし、専門性を高めることができると思います。新規と既存で役割分担をすると、結局はノウハウが足りないタスクに多くの時間が割かれる点で、あまり効果がないように思います。

吉田係員　私もイメージをしてみたら確かにそうだと思いました。そのため、山田さんの意見に賛成です。タスク別に専念することで、論点であった時間の効率化が達成でき、クライアントとの関係を深めることができると思います。具体的にどのように連携を図るかが重要ですね。

松本主任　現場での行動をフォローするために、会社のマーケティング部が発信している情報を流用してみてはどうでしょうか？　毎週発信されているデジタルツールやマーケティング的な思考を活用して、顧客との接点を増やし、効率的に情報を共有することができます。

田中課長　確かに毎週発信されているけど、十分に活用できているとは言いにくいですね。現場での行動をフォローするために、マーケティング部の情報を活用しつつ、データ分析や顧客対応を効果的に行ってみましょう。山田さん、データ分析の結果の活用について、チームのみんなにアドバイスはありますか？

山田主任　顧客特性を分析した結果は、週次のミーティングで報告していくようにします。必要ならリアルタイムで共有するので相談してください。共有プラットフォームを活用して、全員がアクセスできるようにするのが理想です。

吉田係員　共有プラットフォームを使うことで、私もリアルタイムでデータを確認し、迅速に顧客対応ができるようになりますね。また、フィードバックを受け取り次第、山田さんに伝えることで、データ分析の精度も向上すると思います。

松本主任　ひとつ意見を加えてもいいですか？　デジタルツールの活用や、マーケティング的な思考を取り入れることで、現場での効率も上がりますね。特にSNSを活用して顧客との接点を増やすことができると思います。

田中課長　**皆さんの意見をまとめると、データ分析担当、顧客対応担当、デジタルツールの活用担当に役割分担するのが有効そうですね。**これでチーム全体の連携も強化されます。皆さんの意見をもとに、具体的な計画を立てていきたいと思います。最後に、懸念や追加の意見はありますか？

佐藤課長代理　まずはタスク別の分担がうまくいけば、確実に効率化できると思います。お互いにサポートしながら進めていきましょう。

田中課長　そうですね。みんなで協力しながら進めていきましょう。今日は皆さんからたくさんの意見を聞くことができて、とても有意義な会議になりました。これからも全員で力を合わせて、よりよい結果を出していきましょう。

全員　はい、頑張ります！

全員が話せたという実感が大切です。活発な意見交換が進んでいますので、リーダーは合意形成の部分を承認しつつ、ゴールへのとりまとめを行ってください。

scene 09

会議中の部下の発言を注意する

対話クイズ

問題

重要な会議中に部下が望ましくない発言をしました。具体的には、チームで役割分担の構築を話し合っている際、「仕事を頼んでも、頼んだ先の人のスキルが信用できないから自分は一人でやりたい」と言いました。その発言によって、他の参加者が不快感を示し、会議の雰囲気が悪くなってしまったのです。会議後、部下と話をする機会を設けました。この状況で部下の行動改善を促しつつ、今後の再発を防ぐために最も効果的な問いかけは、次のA~Dのうち、どれでしょうか?

選択肢

A　あの発言は不適切でした。二度とそのような発言をしないでください。

B　あの発言について、どのような影響が出たと思いますか。また、ベストな影響を狙った発言でしたか。

C　なぜ、あのような発言をしたのですか。理由を説明してください。

D　今回の件は厳重注意とします。次回同じようなことがあれば、処分の対象となりますよ。

解説

場にふさわしくない発言や言葉遣いに対しては、是正を求める必要があります。気心の知れたチームだからといって、なんでも言っていいとは限りません。リーダーはそうした「内輪の暴走」に気づくセンサーを持つことも、対話力を磨いていくうえで必要です。「注意する」と言っても、頭ごなしに指摘するのではなく、善し悪しはいったん横に置き、「どんな影響が出たのか」「どんな狙いがあったのか」をフラットな立ち位置から質問することを心がけてください。

そのうえで、部下の意図を「そういうことか」と受け止めつつ、「他の捉えられ方をされていた」という客観的な視点からの指摘をすることで、部下自身の理解を促しましょう。

また、部下に「反省させようとしている」と捉えられると、自分が否定されていると感じます。状況の理解のあとは、リーダーの立場を主語にして「自分はチームの軸にこういう関係性を打ち立てたいので協力して欲しい」とリーダーからのお願いとして発言の仕方の是正を求めるほうが、部下には納得感があります。各選択肢の具体的な解説は次の通りです。

【A】

〇しないでください……一方的な叱責で、部下の自己反省や改善の機会を奪っています。また、具体的な改善策や再発防止策を考える機会を与えていません。

【B】

〇どのような影響が出たと思いますか……当初の発言は部下自身の目線でのみ捉えたものかもしれません。そのため、視点を他者に移し、言動がどのような影響を与えたのかを一緒に振り返っています。

〇ベストな影響を狙った……もともと言いたかったことは他者の気持ちを傷つけることではなく、別の意図があったかもしれません。本来の意図を聞き、今回の発言とのズレや課題を模索します。本人が非を認め信頼回復に向けて意欲を示したら、アクションを一緒に考えます。

【C】

○理由を説明してください……理由を問うことで、言い訳を誘発する可能性があります。過去の原因探しに終始し、将来の改善に焦点を当てていません。

【D】

○処分の対象となりますよ……威圧的な態度で、部下の心理的安全性を脅かしています。処分を強調することで、建設的な対話や真摯な反省の機会を失っています。

正解　B

「懸念払拭」のステップです。部下自身の理解と改善を促します。

Bの問いかけを用いることで、部下自身に問題を認識させ、具体的な改善策を考えさせることができます。これにより、単なる叱責ではなく、建設的な対話を通じて再発防止と行動改善を促すことができます。また、リーダーとしても、部下の理解度や改善への意欲を確認し、適切なサポートを提供することができます。

対話シミュレーション

部下を注意するときの理想の対話事例を紹介します。

田中課長　鈴木さん、少しお話したいことがあります。お時間をいただけますか？

鈴木主任　はい。

田中課長　今日の会議で少し鈴木さんらしくない場面があって心配な気持ちになったのですが、うかがってもいいですか？

鈴木主任　どの場面でしょうか？

田中課長　他のメンバーの意見に対して「そんなことできるわけがない」と言ったことです。**あの発言は、鈴木さんの中で何か強い意図があったのですか？**

鈴木主任　すみません。あの場面はちょっと感情的になってしまいました。反省しています。

田中課長　感情的な自分がいたと感じたわけですね。教えてくれてありがとう。ちなみに、どんなことが鈴木さんを感情的にさせたか聞いてもいいですか？

鈴木主任　正直に言うと、あの提案でとても痛い失敗を経験したからです。その当時は自分一人で提案したため、誰にも相談せずに後処理を行いまし

客観的な視点を提供し、部下に状況の理解を促します。

た。そのことを思い出して、少し感情的になってしまいました。

田中課長　それはつらかったですね。そんな気持ちにさせてしまったことを、私もリーダーとして申し訳なく思います。そんなつらさをみんなに経験させたくないという思いだったのですね。では、どうしたらより効果的に伝わったと思いますか？

鈴木主任　そうですね。冷静に自分が経験したプロセスと、そのときに感じた気持ちを意見すればよかったと思います。

田中課長　それは大事ですね。**鈴木さんの経験したことはチームの財産ですから、次は今言ってくれたように冷静になってプロセスと心情を伝えてみてくださいね。**

鈴木主任　はい、次から気をつけます。指摘してくれてありがとうございました。

> 個人の間違いを反省させるのではなく、チームメンバーとしての役割をお願いし、部下の協力の合意をゴールとした対話です。

scene 10

会議中の優れた提案内容をほめる

対話クイズ

問題

重要な会議中に部下が非常に的確な提案をし、それによって会議が建設的な方向に進みました。会議後、部下と1on1をする機会を設けました。この状況で、部下のよい行動を強化し、さらなる成長を促すために最も効果的な問いかけは、次のA〜Dのうち、どれでしょうか？

選択肢

A　素晴らしい提案でしたね。これからも同じような発言を期待しています。

B　あの提案は非常に的確でした。どのようにして、あの提案をつくったのですか。

C　よい提案でしたね。次回の会議ではあなたにプレゼンテーションをお願いします。

D　皆さんの前でほめたかったのですが、えこひいきと思われるといけないので、ここで言いますね。よくできました。

解説

成長意欲から成長実感へと、人材開発フェーズに移る時期の部下を「できる社員」として放置しておくと、新たな持論形成ができずに「個人商店化」する危険性があります。できる社員だからこそ、ほめることで自分を客観的に捉える機会を提供するのもリーダーの大切な役割です。

リーダーは、人材育成の研修を受ける機会も多いと思いますが、「ほめることが大事」と学ぶと、そこだけを意識してしまい、「いいね！」「さすがだね！」とワンフレーズを多発するようになってしまうことがあります。しかし、それでは部下に何も伝わりません。部下をほめる際に意識していただきたいポイントは2つあります。

まず、「行動をほめる」ことです。上司側の基準でセンスをほめることや、その人の属性を前提にほめるのは避けましょう。ハラスメントにつながることもあります。

「あのアウトプットはわかりやすくてみんなを納得させた」「質問に対して、より具体的な例で説明した配慮が素晴らしい」など、行動を再現し、「次もこのクオリティを期待します」と、部下のやり遂げたことを指摘するほうが、相手には「ほめられた」と伝わります。

もうひとつは、要因をほめることです。ミスをしたときは「何がそうさせたのか?」と間接的に聞き、心理的に圧迫しないことの効果を説明しました。一方でうまくいったときは、「なぜ、あのような提案ができたのか?」と直接的に聞いても問題ありません。部下自身はほめられていると安心感が醸成されていますので、その背景を探り、言葉にすることで持論化を促すことができます。深掘りにつながる質問を、リーダーが興味を示しながらするとよいでしょう。各選択肢の具体的な解説は次の通りです。

【A】

○期待しています……一般的なほめ言葉に留まっており、具体的な行動や思考プロセスに焦点を当てていません。そのため、部下の自己分析や内省を促す機会を逃しています。

【B】

○どのようにして……提案の思考プロセスを聞くことで、その成功を再現可能なスキルとして認識させています。オープンな問いかけを使用することで、部下の自己分析と内省を促しています。

【C】

○次回の会議では……現在の成功に対する具体的な分析や振り返りの機会を提供していま

せん。ほめることと次の仕事を与えることを直接結びつけており、プレッシャーを与える可能性があります。

【D】

○えこひいきと思われるといけない……ほめ方に対する言い訳じみた説明が含まれており、純粋な称賛の効果を減じています。また、全体的な行動や成果に対する分析がなく、表面的なほめ言葉に留まっています。

正解　B

「積み上げ」のステップです。優れた提案ができた背景の持論化を促します。

Bの質問を用いることで、部下の成功体験を具体化し、その要因を明確にすることができます。これにより、単なるほめ言葉以上の効果を生み出し、部下の自信を高めつつ、今後の成長につながる具体的な行動指針を見出すことができます。また、リーダーとしても、部下の強みや思考プロセスを理解し、より効果的な育成につなげることができます。

対話シミュレーション

部下をほめる際の理想の対話事例を紹介します。

田中課長　松本さん、今日の会議で、松本さんの質問が会議を非常に活性化させましたね。

松本主任　ありがとうございます。

田中課長　マーケティング戦略について、具体的な市場セグメントに焦点を当てた質問がチームの動きを変えたと思いますよ。あの質問はなぜできたのですか？

松本主任　最近ビジネス雑誌で、市場セグメントに関する特集を読んだからだと思います。面白くて自分なりに表をつくったりしていました。

田中課長　その努力があっての質問だったのですね。**雑誌を読むことに加えて、自分なりにまとめると、やはり理解の定着が違いますよね。**

松本主任　やはり自分で手を動かしてみると、今までなんとなくわかっていたことがはっきりして、自社についての新たな気づきもありましたね。

田中課長　いいですね。**そんな新しい視点を期待していますよ。**自分なりに分析したり、まとめたことは遠慮なく会議で教えてください。

松本主任　ありがとうございます。これからもそうさせてもらいます。

> 具体的なできごとや行動をほめます。

> 再現性のある持論となるように期待を持っていることを伝えます。

重要なプロジェクトを部下に任せる

対話クイズ

問題

あなたは上司から責任者に指名された重要なプロジェクトを部下に任せることを検討しています。部下はプロダクトの知識が豊富で、以前からこの種のプロジェクトに興味を示していました。この状況で、部下にプロジェクトを効果的に任せ、その成長を促すために最も適切な問いかけは、次のA〜Dのうち、どれでしょうか？

選択肢

A　新しいプロジェクトがあって、プロダクトの知識に困っています。そこで以前この種のプロジェクトに興味があると話をうかがっていたので、○○さんと一緒にできればと思っているけど、どうでしょう。

B　重要なプロジェクトがあるのですが、あなたに任せようと思っています。詳細な指示はのちほど出しますので、それに従って進めてください。

C　大きなプロジェクトの責任者を任せたいのですが、できますよね。不安なことはありませんか。

D　新しいプロジェクトの責任者を任せます。過去の類似プロジェクトの資料を参考に、計画を立ててください。

解説

伸び盛りの社員に新たな挑戦となる仕事を任せることは、リーダーにとっても部下にとっても重要な局面です。部下には成長意欲と同時に、自身への不安も潜在的にあります。リーダーがそこに目を向けずに「主任だから」「もう何年目だから」と立場を理由にした仕事を命じると、部下は「仕事を押しつけられた」と感じ、成長意欲はむしろ減退しかねません。

部下のチャレンジへのモチベーションは、ＷＩＬＬ＝興味関心や好きと紐づいた部下自身の「ありたい姿」を後押しすることで生まれます。その判断をリーダーが的確に行うためには、日頃から部下の興味関心をキャッチアップするための対話を心がけておく必要があります。

事前の理解をもとに、部下の得意や興味関心に紐づけた仕事を任せるのであれば、部下にも納得感がありますし、自分の未来をイメージした展望も開けます。各選択肢の具体的な解説は次の通りです。

【A】

○話をうかがっていた……部下の興味やスキルに言及することで、個人の強みを認識していることを示し、プロジェクトの背景とその部下を選んだ理由を明確に説明しています。

○一緒にできれば……タスクを与える、やらせるという主従関係ではなく、困りごとを一緒に解決したいという協働の姿勢を示しています。

【B】

○それに従って進めてください……詳細な指示に従うよう求めることで、部下の主体性や創造性を抑制しています。また、部下の知識や興味を考慮せずに、一方的に仕事を割り当てています。

【C】

○ありませんか……プロジェクトの内容や部下の適性について触れず、自信や不安を直接問うことで、部下に不必要なプレッシャーを与える可能性があります。

【D】

○計画を立ててください……過去の資料に頼ることを求めており、新しいアイデアや改善の余地を制限しています。また、部下の知識や興味を考慮せずに、一方的に仕事を割り当てています。

正解　A

「改善提案」のステップです。部下の主体性と意欲を引き出します。

Aの問いかけを用いることで、プロジェクトの背景と部下を選んだ理由を明確に伝えつつ、部下の意見を尊重する姿勢を示せます。これにより、部下の主体性と意欲を引き出し、プロジェクトへの積極的な参加を促すことができます。同時に、リーダーとしても部下の反応を見ることで、適切なサポートを提供する基盤をつくることができます。

対話シミュレーション

部下に仕事を任せるときの理想の対話事例を紹介します。

田中課長　山田さん、実は、上司から新しいプロジェクトの依頼がありました。非常に重要な案件ですが、技術的な知識が足りておらず、少し相談してもいいですか？

山田主任　ありがとうございます。でも正直、最近の業務量が増えていて、新しい仕事を受け入れる余裕があるかどうか心配です。

田中課長　そうですね。その点はもちろんサポートを約束します。

山田主任　そうであればありがたいです。それで、どのような技術ですか？

田中課長　熱処理の新規格を決める件で、今までの製造規格よりも高温・高圧を出す必要があります。そこで、次世代リーダー研修で「熱処理のエキスパートになる」というビジョンを掲げていた山田さんに、**ぜひ知恵を借りたいと思っています。**

山田主任　確かに、そのようなことは言いましたね。従来の製造規格を超えるとなると、会社としての許可やリスクヘッジが問題になると思います。

田中課長　**その点は私が上層部に掛け合って巻き込むので安心してください。**なので、山田さんには熱処理のエキスパートとして会社の新基準を提案してもらい、チーム全体で新しいステージに上がりたいという夢を見ています。力を貸してもらえませんか。

あなただから任せたいことを部下に理解してもらい、考えてもらう道筋を提供します。

リーダー自らがサポートを約束することで、部下の心理的安全性が確保され、不安が減少します。

山田主任　面白いですね。わかりました。なんとなくうちの会社の熱処理はまだまだできることがあるだろうと思っていたので、「熱処理のエキスパート」といった手前、「できません」なんて引き下がるのは変ですよね。

田中課長　頼もしいです。とはいえ、先ほどリスクヘッジという言葉がありましたが、真っ先に手を打っておいたほうがいいことってありますか？

山田主任　そうですね。今度一覧化して示しますが、メンテナンスの頻度は確実に上がると思います。メンテナンス業者が稼働できない時期に高温運転を行って、万が一のことが起きれば、既存の製品群に大ダメージが起きます。

田中課長　なるほど。となると、メンテナンス業者のスケジュールをもとに、高温・高圧運転の試験日を計画しておくことが大事ですね。それはスタッフに依頼しておくので、山田さんは早速、先ほどのリスク一覧、試験運転の手順、達成指標などを来週までに私宛にいただけますか。

山田主任　はい、作成してお送りしますね。

田中課長　ありがとうございます。頼りにしています。

scene 12

一日の終わりに部下と雑談する

対話クイズ

問題

あなたは一日の業務が終わり、部下と一緒に会社を出るところです。この機会を利用して、部下との関係性を深めつつ、さりげなく業務状況を把握したいと考えています。この状況で、部下との自然な会話を通じて興味関心を引き出し、業務状況を把握するために最も適切な問いかけは、次のA～Dのうち、どれでしょうか？

選択肢

A　最近の仕事で一番印象に残っているのはどんなことですか。
B　今日はどんな仕事をしましたか。進捗状況を教えてください。
C　明日の予定は何ですか。タスクリストを確認しておいてください。
D　今週の残業時間はどれくらいですか。体調管理には気をつけていますか。

解説

いろいろな対話の機会とその上手な活用法を見てきましたが、いざ実践となると身構えてしまうものです。まずは、どの部下とも可能な対話から始めてみましょう。お勧めは、退社時の短い時間での雑談です。

お互いに限られた短い時間であることを前提にできますし、「お疲れ様」から始まる対話には、仕事の評価や判定外との安心感もあり、部下も発言がしやすい状況です。

心がけたいのは、大きな展望の話ではなく、「今日はどうだった?」というリアルタイムの心情への問いかけ程度に留めることです。部下の短い返事に「それは大変だったね」「それは嬉しかったね」と、心情をそのまま言語化して返すことで、部下自身に「現在の自分」を再確認させるのが狙いです。

そこで部下が、「実は……」と困りごとやモヤモヤを話すようなら、「そうか。話をしよう。いつがいいかな」と確認してください。部下は、「他人に知ってもらえた」ことで、ひと晩経てば不安やモヤモヤは解消するかもしれません。問題なのは、誰にも知らせずに悩みやモヤモヤを抱え込んでしまうことです。それは時間とともに潜在化し、部下自身が気づかないうちにモチベーション減退の原因になりかねません。

「話してくれてよかった。ちゃんと一緒に考えよう。今日は、自分で言葉にできたことに安心していいよ」と、モヤモヤの持ち越しをさせないことが、心理的安全性につながります。各選択肢の具体的な解説は次の通りです。

【A】

○一番印象に残っている……「印象」を聞くことで部下は客観的事実の奥底にある、自分のものの見方について思考を巡らせます。プラス面を語るか、マイナス面を語るかで、部下が仕事に対してどのような考え方をしているのかを知ることができます。

【B】

○進捗状況を教えて……直接的すぎる質問で、雑談の雰囲気を壊してしまう可能性があります。具体的な業務内容や進捗の話は、プレッシャーを与えてしまう恐れがあります。

【C】

○確認しておいてください……指示的な発言で、雑談というコンテキストにそぐわない内容です。また、帰宅時に翌日の業務に関する指示を出すことで、部下のプライベートな時間を侵害する可能性があります。

【D】

○どれくらいですか……残業時間を直接尋ねることで、プレッシャーや不快感を与える可能性があります。

○気をつけていますか……体調管理に言及することで、過度に個人的な領域に踏み込んでしまう恐れがあります。

正解　A

「興味関心」のステップです。さりげなく部下の現状を把握します。

Aの問いかけを用いることで、カジュアルな雰囲気を保ちながら、部下の業務に対する興味や意欲を自然に引き出すことができます。また、印象を聞くことにより、プラスな体験やマイナスな体験への縛りがなく、フラットに部下の心情を聞くことができます。これにより、部下との関係性を深めつつ、業務状況やモチベーションを把握することができます。また、リーダーとしても、部下の関心事や挑戦したい分野を知ることで、今後の業務割り当てや育成計画に活かすことができます。

対話シミュレーション

部下との雑談における理想の対話事例を紹介します。

田中課長　佐藤さん、お疲れ様です。

佐藤課長代理　課長、お疲れ様です。

田中課長　最近、佐藤さんの中で印象に残っている仕事はありますか。

佐藤課長代理　そうですね……。強いて挙げると新規プロジェクトですね。

田中課長　新規プロジェクトは私も楽しみにしていますよ。佐藤さんの中ではいい感じに進捗していますか？

佐藤課長代理　今のところは特に大きな問題はないですが、ときどき進捗が遅れることがあります。もう少し効率よく進められる方法があればと思っています。あ、最近はそのことばかりを考えがちですね。

田中課長　そうですか。進捗が遅れることに対して、効率よく進める方法をよく考えるのですね。その原因って見えていますか？

佐藤課長代理　そうですね。だいたいクライアントからのフィードバックが遅れると、次のステップに進めないことが多いですね。

田中課長　わかります。私も過去いくつものプロジェクトで、クライアントのフィードバックが遅れることを経験しました。総じてクライアントの中に判断基準がないというのが原因でしたね。

佐藤課長代理　課長もそんなことがあったのですか？

田中課長　たくさんありましたよ。

佐藤課長代理　その場合、課長はどうしたのですか？

田中課長　ヒアリングのときにクライアントの反応を見ましたね。**こちらの提案に対して何も質問がなく「検討します」という場合は要注意です。**なので、他社が検討した際の判断基準や、想定効果のサンプルをつけて、1週間後に検討過程を教えて欲しいとアポをとりましたね。

佐藤課長代理　それはいいですね。クライアントから質問も反論もないと提案がうまく進んだと安心しがちで。そういうケースで進捗が遅れます。

田中課長　私の失敗経験が役に立ってよかったです。

佐藤課長代理　ちなみに、そのときに送った資料は、まだお持ちですか？

田中課長　もちろん。共有フォルダに格納しているので、明日メンションをつけて佐藤さんとチーム宛に送っておきますね。

佐藤課長代理　ありがとうございます。では、お先に失礼します。

あくまで対等の雑談として、リーダーが情報提供をすることで、部下にも話しやすさが生まれます。

おわりに
小さな一歩がチームを変える原動力になる

最後までお読みいただき、ありがとうございます。

日常で見過ごしがちなコミュニケーションの細部にまで目を向けたことで、「ここまでやっている時間はない」と思った方もいらっしゃるかもしれません。一方、「こんなことができたらいいな」と思いつつ、日頃の職場を思い返し、理想と現実のずれを感じた方もいるでしょう。

こうした意識改革は、あとから振り返ると、実践に向けた最初の小さな一歩が一番大変だったと気づくものです。1か月、2か月と続けていくうちに、だんだんと当たり前の日常となり、やがては組織やチームの風土に影響を与えていくはずです。

そのため、本書の内容を一度試してみて、うまくいかなかったからといって、そこであきらめず、ありたい自分やチームの姿を思い描きながら継続してください。自己啓発は頭のトレーニングではなく、筋トレのようなものです。気づけば自然と対話力が身につき、チームを変える原動力となっていくはずです。

そもそも、日本の組織文化では、「仕事上のコミュニケーションはコスト」と思われてきました。でも、私たちは、職場でしっかりと対話を重ねていくことで、新しい価値やアイデアが生まれる瞬間にたくさん出会ってきました。

その経験や感動を多くのリーダーの方々へお伝えしたい、気持ちをポジティブにして欲しいと思ったのが、本書を世に出すことになった理由です。

多くのリーダーが、「コミュニケーションはコストだから効率化して減らす」ではなく、「積極的なコミュニケーションを通して価値創造につなげる」と考え、気持ちをシフトチェンジすれば、組織やチームが抱える課題は解決していくと確信しています。一人で悩み、孤独に戦ってあきらめを感じる必要はないのです。

皆さんのチームづくりに本書が活かされることを願っています。

堀井　悠
松本悠幹

読者特典のお知らせ
「対話の傾向診断」

優れたリーダーはなぜ、対話力を磨くのか？

本書をご購入いただきまして、誠にありがとうございます。読者限定特典として著者より、「対話の傾向診断」をプレゼントします。第３章に掲載した「対話力の自己診断」をパワーアップさせ、より詳細に組織内の対話傾向を診断できるようにしました。本書の内容を実践しながら、自身の対話力を客観的に評価することで、できている部分とできていない部分がわかり、対話力向上につながります。ぜひ、ご活用ください。

下記QRコードからダウンロードをお願いします

https://www.and-or.jp/great-leaders-dialogue/

※特典は予告なく内容を変更、終了することがあります

［著者略歴］
堀井　悠（ほりい・ひさし）

アンドア株式会社代表取締役。慶應義塾大学総合政策学部卒業。組織の対話の質向上に特化した人材開発コンサルタント。スターバックスコーヒージャパン株式会社、株式会社リクルートなどを経歴し、会社のパーパスと個人の主体性を意味づける対話について豊富なファシリテーションの経験を持つ。大手自動車メーカー、製薬会社、内閣府、大阪市など累計500社以上で人材開発を支援し、「腹割り対話」「きっかけ砂時計対話」などの独自メソッドを開発。マネジメントの失敗事例をデータベース化し、組織の問題を構造的に示す論理性と、落語を思わせる共感的な語り口で講師満足度平均96%をマーク。ミッションは、誰もが「本来の力を、思いのままに」できること。

松本悠幹（まつもと・ゆうき）

アンドア株式会社取締役。山梨県出身。山梨大学教育人間科学部卒業後、コミュニティカフェの経営を経て、人材組織開発コンサルティング会社に入社。スタートアップから大手企業までの若手・中堅向けリーダーシップ開発や組織の対話風土改革を手がけ、その後、新規事業開発部にて事業開発マネジャー、営業マネジャーを兼任したのち、アンドア株式会社へ参画。自社内の事業構造改革から営業戦略・マーケティング戦略まで幅広く携わり、その知見を人材・組織開発へ転用することを得意としている。モットーは、「本来の力が発揮できる対話力と環境づくりを引き出す」。

優《すぐ》れたリーダーはなぜ、対話力《たいわりょく》を磨《みが》くのか？

2025年1月21日　初版発行

著　者　　堀井　悠／松本悠幹

発行者　　小早川幸一郎

発　行　　株式会社クロスメディア・パブリッシング
〒151-0051 東京都渋谷区千駄ヶ谷4-20-3 東栄神宮外苑ビル
https://www.cm-publishing.co.jp
◎本の内容に関するお問い合わせ先：TEL（03）5413-3140／FAX（03）5413-3141

発　売　　株式会社インプレス
〒101-0051 東京都千代田区神田神保町一丁目105番地
◎乱丁本・落丁本などのお問い合わせ先：FAX（03）6837-5023
service@impress.co.jp
※古書店で購入されたものについてはお取り替えできません

印刷・製本　　株式会社シナノ

　ISBN978-4-295-41054-6　C2034